马克思恩格斯的矛盾同一性思想

天津社会科学院建院四十周年精品文库

房良钧 著

天津社会科学院出版社

图书在版编目（CIP）数据

马克思恩格斯的矛盾同一性思想 / 房良钧著. -- 天津 : 天津社会科学院出版社, 2019.9

（天津社会科学院建院四十周年精品文库 / 靳方华主编）

ISBN 978-7-5563-0573-5

Ⅰ. ①马… Ⅱ. ①房… Ⅲ. ①马恩著作研究 Ⅳ. ① A811

中国版本图书馆 CIP 数据核字(2019)第 206557 号

马克思恩格斯的矛盾同一性思想
MAKESI ENGESI DE MAODUN TONGYIXING SIXIANG

出版发行： 天津社会科学院出版社
出 版 人： 张博
地　　址： 天津市南开区迎水道 7 号
邮　　编： 300191
电话/传真： （022）23360165（总编室）
（022）23075303（发行科）
网　　址： www.tass-tj.org.cn
印　　刷： 天津午阳印刷股份有限公司

开　　本： 880×1230 毫米 1/32
印　　张： 6.125
字　　数： 159千字
版　　次： 2019 年9月第 1 版 2019年9月第 1 次印刷
定　　价： 78.00 元

《天津社会科学院建院四十周年精品文库》

编　委　会

总 序

《天津社会科学院建院四十周年精品文库》收录了天津社会科学院建院以来的部分精品学术著作和研究成果，即将陆续付梓。该文库的出版是天津社会科学院建院40年来优秀科研成果的集中展示，是对40年来领导和学者们不懈奋斗的诚挚敬意，也是对当今接续奋斗的社科院人的热忱激励。作为天津市规模最大、门类最全的哲学社会科学专业研究机构，40年来，天津社会科学院在众多学科涌现了杨柳桥、吕万和、卞慧新、黎干、孙振、王昌定、王辉、温克勤、罗澍伟、潘允康、周路、包永江、荣长海、张景荣等一大批国内外知名的专家学者，在哲学伦理学、法学理论、历史文化、经济社会等诸多领域贡献了一大批思想深邃、引领学界的研究成果，为繁荣发展中国哲学社会科学做出了突出贡献。借撰写文库序言的机会，谈几点感受。

我们正处在哲学社会科学繁荣发展的新时代。习近平总书记指出，当代中国正经历着我国历史上最为广泛而深刻的社会变革，也正在进行着人类历史上最为宏大而独特的实践创新。这种前无古人的伟大实践，必将给理论创造、学术繁荣提供强大动力和广阔空间。这是一个需要理论而且一定能够产生理论的时代，这是一个需要思想而且一定能够产生思想的时代。改革开放以来，中国共产党团结带领全国各族人民开辟了中国特色社会主义道路，在理论、制度和文化上，形成一系列创新的思想理论、发展理念和实践方略，为人类文明做出了突出贡献。天津社会科学院的发展伴随着改革开放的历史进程，从建院以来的初创奠基、探索前进、改革发展到如今的创新竞进，从站上新起点到迈入新时代，40 年风雨同舟，40 年披荆斩棘，40 年砥砺奋进，全体社会科学工作者用忠诚、担当绘就了一幅气势恢宏的历史画卷，谱写了一曲不问浮华的奋斗赞歌。新时代，新召唤，哲学社会科学正面临着空前丰富的素材与题材、空前复杂的命题与试题、空前广阔的机遇与空间，时代是出卷人，我们是答卷人，人民是阅卷人，在这个繁荣发展哲学社会科学的新时代，只有坚持以习近平新时代中国特色社会主义思想为指导，聆听新时代的声音，立足新时代的特点，回应新时代的呼唤，认真研究解决重大而紧迫的问题，才能真正把握住历史脉络、找到发展规律，推动理论创新，推进咨政建言，提升服务社会的品质。

新时代的哲学社会科学必须毫不动摇地坚持以马克思主义为指导。当今世界，各种思想观念、思维方式、意识形态的交流和碰撞越来越频繁、越来越激烈，给意识形态带来许多新问题、新挑战。以什么样的世界观、方法论来审视世界、引领未来，是哲学社会科学的根源问题。马克思主义是科学的思想体系，是人类思想史上最重要的成果，它揭示了人类社会发展的本质和规律，是科学的世界观和方法论，是我们认识世界、改造世界的强大思想武器。我国革命、建设和改革实践反复证明：中国特色社会主义需要马克思主义，坚持以发展着的马克思主义为指导，是我们事业沿着正确方向胜利前进的根本保证。当今中国，坚持马克思主义就是要不断深入学习贯彻习近平新时代中国特色社会主义思想。建设具有中国特色、中国风格、中国气派的哲学社会科学，必须坚持马克思主义指导地位，运用马克思主义观察时代、解读时代、引领时代，真正搞懂面临的时代课题。坚持马克思主义指导地位，需要不断推进实践基础上的理论创新，及时回答时代之问、人民之问，不断开辟马克思主义发展新境界；需要我们用马克思主义的思想武器，提升文化“软实力”和社会主义核心价值观体系建设，用强大的思想武器构筑意识形态领域的钢铁长城；需要我们加强主流意识形态的吸引力、凝聚力，提高主流意识形态的控制力和引导力，同新自由主义、历史虚无主义等各类不良社会思潮和意识形态领域的敌对势力做斗争。

哲学社会科学研究应该“以人民为中心”。与时代同步伐，与人民共命运，关注和回答人民需要的问题，是社会科学工作的生机与活力所在。“大学之道，在明明德，在亲民，在止于至善。”中国特色社会主义的成功经验蕴含着人民群众丰富实践创造的宝贵经验，为理论工作者的学术创新提供了丰厚土壤和研究样本。以人民为中心，需要我们“引时代明德、为人民立言”，牢固树立为人民做学问的思想，切实承担起以文化人、以文育人、以文培元的重要使命；需要我们认真汲取优秀历史文化中的合理元素，挖掘阐释其中符合时代精神、具有普遍意义的思想精华，为振兴中国学术尽心尽力；需要我们坚持理论与实践相结合，坚持问题导向，善于从实践中提炼经验做法，善于运用哲学观点和社会理论，回答和解决当前面临的矛盾和问题；需要我们唱响主旋律，凝聚正能量，不断巩固人民群众团结奋斗的共同思想基础；需要我们坚持从国家和区域发展的实际出发，聚焦高质量发展要求，努力在中华民族伟大复兴和“五个现代化天津”建设中，服务大局，展现作为；需要我们坚持平实务实，聚焦人民群众所思所想所盼，用通俗易懂的语言，有针对性地解疑释惑，积极回应群众关切，推进马克思主义思想大众化，始终贯彻理论创新“来自人民、为了人民、贴近人民”的鲜明品格。

哲学社会科学研究要强调精品意识。对社会科学研究成果而言，质量就是生命。大学之大，不在大楼，而在大师；大家之大，不在派头，而在作品。如何锻造学术精品，需要我们以扎根本土、深植时代为基础，在观念和手段结合上、内容和形式融合上进行深度创新，提高作品的思想高度、文化内涵、学术价值。当前，哲学社会科学研究的重要任务是立足中国特色社会主义伟大实践，提出具有自主性、独创性的理论观点，构建中国特色学科体系、学术体系、话语体系，这是产生学术精品的源泉和保障。社科工作者应该围绕“三个体系”建设，深入生活、扎根人民，树立正确的历史观与文化观，拿出真正经得起考验的精品佳作，凭本事说话，靠品质取胜。社会科学研究是一项苦差事，需要勤于思考、甘于清贫、淡泊名利，不畏浮云遮望眼，专心致志地锻造精品。如果不把心思和精力放在创作精品上，只想着追名逐利、走捷径、搞速成，成不了大师、成不了大家。以精品奉献人民，需要耐得住寂寞，经得起诱惑，守得住底线，立志做大学问，做真学问，同浮躁之风、弄虚作假、学术不端划清界限，在学术积累上下功夫，在守正创新上下功夫，不断增强学术积累和创新能力，拿出更多高质量、高水平的科研成果。

藉此为序。向被收入文库的作者和作品致敬！向接续奋斗 40 年的天津社会科学院人致敬！向为文库的出版付出辛勤努力的同志们致谢！也衷心希望更多的专家学者立时代潮头、通古今变化、发思想先声、引时代明德、为人民立言，不断涌现出更多的精品佳作、名家大师，不断推进全国一流社科院建设迈上新台阶。

靳方华

2019 年 3 月 17 日

“两极相逢”这个习俗用语是伟大而不可移易的适用于生活一切方面的真理，是哲学家不能漠视的定理，就像天文学家不能漠视开普勒的定律或牛顿的伟大发现一样。

——马克思：《中国革命和欧洲革命》

目　录

绪　论　应该进一步发掘马克思恩格斯的矛盾同一性思想遗产……（1）
一、我国社会发展提出的迫切要求……（1）
二、十分丰富而深刻的思想遗产……（4）
三、理论的发展也是辩证的……（7）

第一章　矛盾同一性总论……（11）
一、矛盾同一性最基本的规定……（11）
二、直接同一性和间接同一性……（16）
三、区别“同一性”和“矛盾同一性”……（22）

第二章　原始的直接同一性……（30）
一、直接同一性Ⅰ的基本含义……（30）
二、直接同一性Ⅰ存在的普遍性……（35）
三、研究直接同一性Ⅰ的意义……（42）
四、由直接同一性Ⅰ向间接同一性的发展……（46）

第三章　对立面的相互依存……（51）
一、对立面相互依存的多种表述方式……（51）

二、对立面的相互媒介……………………………………………………(60)
三、对立面的相互创造……………………………………………………(66)
四、相互依存的方法论意义………………………………………………(77)

第四章　对立面的相互贯通 ……………………………………………(85)
一、对立面相互贯通也是矛盾的一种间接同一性………………………(85)
二、对立面的相互渗透……………………………………………………(92)
三、对立面的相互转化……………………………………………………(98)
四、相互贯通的方法论意义 ……………………………………………(108)

第五章　对立面内部的直接同一………………………………………(115)
一、直接同一性Ⅱ的基本含义 …………………………………………(115)
二、直接同一性Ⅱ存在的普遍性 ………………………………………(122)
三、直接同一性Ⅱ和间接同一性的关系 ………………………………(129)
四、研究直接同一性Ⅱ的意义 …………………………………………(133)

第六章　矛盾同一性和矛盾对立性……………………………………(138)
一、矛盾的对立性 ………………………………………………………(138)
二、矛盾同一性和矛盾对立性的关系 …………………………………(146)
三、矛盾的对立面和统一体 ……………………………………………(152)

第七章　对唯心论和形而上学的批判…………………………………(158)
一、不能离开矛盾同一性的唯物主义基础 ……………………………(158)
二、不能把矛盾的对立性绝对化 ………………………………………(165)
三、不能把矛盾的同一性绝对化和庸俗化 ……………………………(171)

绪论:应该进一步发掘马克思恩格斯的矛盾同一性思想遗产

这是一本试图较系统地探讨和介绍马克思主义奠基人马克思和恩格斯矛盾同一性思想的著作。

在开始这一工作之前,有必要先讲一讲为什么要这样做,讲一讲进一步研究矛盾同一性理论的必要性。从中,也交代这本著作的写作意图、指导思想和基本方法。

一、我国社会发展提出的迫切要求

矛盾同一性问题,是一个相当抽象的哲学问题。1980—1990 年,我国哲学界关于这一问题的研讨,盛况空前,经久不息,研究成果达到的深度和广度,都是前所未有的。

这种情况的出现,绝不是一些人的心血来潮或对于思辨的癖好。马克思说:“现在哲学已经变为世俗的东西了,最确凿的证明就是哲学意识本身，不但表面上，而且骨子里都卷入了斗争的漩涡。”①矛盾同一性理论作为“世俗的东西”，它的存在有着世俗的理由，它的发展取决于世俗的原因。上述情况出现的世俗原因，正是中国社会发展提出了迫切的要求。社会的要求形成了最强大的动力，它动员起众多的人们去进行有关的研究，并且长期地坚持下去，不管这些人自己是否意识到这一点。

在党的十一届三中全会后我国发生了一个伟大转折，全党全国工作重点转移到社会主义现代化建设上来了。党的十二大进一步提出了全面开创社会主义现代化建设的新局面的纲领。这一历史转折和发展，在哲学上产生了深刻的影响。

恩格斯曾称唯物辩证法为“最好的劳动工具和最锐利的武器”②。在社会主义现代化建设中，唯物辩证法更应该成为“最好的劳动工具”和“最锐利的武器”。在现代化建设的实践中，矛盾纷繁复杂，不断涌现。这些矛盾的性质和情况及解决这些矛盾的途径和方法，有许多是我们所不熟悉或不甚熟悉的。如经济建设与社会发展其他领域的关系、经济活动内部的各种关系等，究竟如何使对立双方的内在联系得到顺利实现，如何通过对立双方紧密合作和互相促进，使矛盾和对立各方得到协调的和稳步的健康发展，这些都不能简单地搬用已有的矛盾原理来解决，更不能靠像“一方吃掉一方”那样的一两句套话和公式来解决。这就要求对矛盾同一性理论以及整个矛盾理论有新的进一步研

---

① 马克思、恩格斯著，中共中央马克思恩格斯列宁斯大林著作编译局译：《马克思恩格斯全集》第1卷，人民出版社1956年版，第416页。

② 马克思、恩格斯著，中共中央马克思恩格斯列宁斯大林著作编译局译：《马克思恩格斯全集》第21卷，人民出版社1965年版，第337页。

究，要求结合着经济、科技、法律、道德等各领域的新情况、新问题的研究来发展马克思主义矛盾理论。随着现代化建设的全面展开和深入发展，这一要求变得更加强烈和迫切。

在社会主义现代化建设的实践中，无论是干部还是群众，有相当多的人在思想方法和工作方法上表现出无法正确认识和处理新出现的矛盾。这一方面是由于长期以来形而上学的恶习尚在人们思想中产生影响；另一方面也是由于人们对于矛盾性质和情况的“新”缺乏足够认识，常常用习惯了的旧办法不加区别地处理新的矛盾。这种状况如果不加改变，就会在每项工作上、每一步骤上都妨碍现代化建设的顺利进行。正如邓小平同志所说：“实现四个现代化是一场深刻的伟大的革命。在这场伟大的革命中，我们是在不断地解决新的矛盾中前进的。因此，全党同志一定要善于学习，善于重新学习。”①这样，为广大干部和群众提供新的正确的理论和方法，就摆在了哲学社会科学工作者的面前。

关于矛盾同一性理论的研究，不仅与革命的批判相联系，而且与新时期经济和社会发展相联系；不仅与总结过去相联系，而且与创造未来相联系。正因为这样，它获得了深广的社会意义，获得了最强大的社会动力，从而具有了理论发展的必然性。

社会的发展不仅提出了需要，也提供了现实的可能。马克思说：“我们是从世界本身的原理中为世界阐发新原理。”②中华人民共和国成立后的坎坷经历积累了丰富而宝贵的经验，十一届三中全会以后的

---

① 《邓小平文选》(一九七五—一九八二年)，人民出版社1983年版，第143页

② 马克思、恩格斯著，中共中央马克思恩格斯列宁斯大林著作编译局译：《马克思恩格斯全集》第1卷，人民出版社1956年版，第418页。

新发展又提供了前所未有的新经验，这就为哲学上提炼和概括准备了素材。此外，十一届三中全会以来，解放思想、实事求是的马克思主义思想路线的重新确立，民主政治和“双百”方针的重新确立，使广大干部、群众和哲学工作者从教条主义的精神枷锁中解脱出来，人们思想活跃，出现了努力研究新情况、解决新问题的生动景象。这是一个十分重要的条件。没有这一条件，即使现实的素材已十分完备，也不可能从实践中汲取营养，不可能在理论上有明显长进。

1980—1990 年的矛盾同一性理论的研究，实际上是在两个方面同时展开的。一方面是密切结合新的实践发展和总结历史经验，对矛盾同一性理论加以验证、修改和补充，使理论得到丰富和发展。另一方面则是重新研究马克思主义矛盾同一性理论本身，其中包括对马克思恩格斯矛盾同一性思想的探讨，以还理论的本来面目。这种正本清源工作，不只是理论上拨乱反正的需要，而且是为面向实际、总结实践经验提供必要的理论基础。正本清源和面向实际是相互联系着的。

在今天，重新研究一百多年前马克思恩格斯的矛盾同一性思想遗产，其最根本原因就在于此。这也是写作这本著作的最基本的考虑。

二、十分丰富而深刻的思想遗产

矛盾同一性、斗争性及其相互关系问题，在毛泽东的哲学名著《矛盾论》中占有极其重要的位置。在我国，关于矛盾同一性问题的研究、教学与宣传，主要是对毛泽东有关论述的研究、教学与宣传。作为中国的马克思主义哲学工作者，这样做是很自然的，也是完全正当的。

但是，马克思恩格斯的矛盾同一性思想没有得到起码的重视和认真的研究，无论在论著、论文、资料中，还是在教材和宣传中，都没有一定的反映。相比之下,这一事实十分显眼。称为马克思主义的矛盾同一性理论中几乎不讲马克思恩格斯(特别是马克思)的论述和思想,这不能不说是一个严重的缺陷。

那么,是不是马克思恩格斯在这方面没有什么论述,或者没有多少重要的论述,我们可以不必加以重视呢?

完全不是的。马克思恩格斯在建立马克思主义理论时,也实现了哲学的根本改造,对新哲学即辩证唯物主义和历史唯物主义的诸多重要方面都做了相当充分的阐述,并在尔后的发展中进一步加以丰富和完善。在矛盾同一性问题上,也像马克思主义哲学的其他许多重要问题一样,马克思恩格斯都做了很多阐述,有很深刻的见解。马克思恩格斯关于矛盾同一性的丰富而深邃的思想结合着各种具体矛盾问题的研究体现出来,散见于他们的几乎全部科学论著之中。比较具体和比较分散,可以说是他们的矛盾同一性思想在论述上的两个主要特点。

当然,具体性和分散性只是相对而言的,并不是说在马克思恩格斯的矛盾同一性思想的研究上完全无纲可抓,无章可循。这里,可以提出一个不成熟的看法供研究的同行们参考。我认为可以从马克思的《政治经济学批判·导言》和恩格斯的《自然辩证法》入手。这或许是个较好的路子。

《政治经济学批判·导言》对于了解马克思矛盾同一性思想概貌,是个十分难得的好材料。第一,马克思在《政治经济学批判·导言》中将生产和消费这对具体矛盾的矛盾同一性概括为三个方面的表现,并反复地、分别地做了细腻的分析和精确的说明。在具体矛盾问题上,就矛盾同一性的多种表现集中起来加以较系统论述的,《政治经济学批判·导言》可以说是马克思著作中的唯一。由此入手,能较为准确地把握马克思原意，不大容易失误。第二，从 19 世纪 40 年代起，马克思就开始了政治经济学的研究，这一研究成为马克思一生全部科学研究工作的中心。他先后写下许多经济学手稿，构成了马克思著作中最大量的部分。《资本论》是政治经济学研究的重要成果，也是马克思全部科学研究的最主要成果。所以，《资本论》和全部政治经济学手稿，理应成为探究马克思矛盾同一性思想的最主要的资料。《政治经济学批判·导言》写于 1857 年，是马克思的《经济学手稿(1857—1858)》的开头部分，这部手稿集中了马克思以往十多年来的研究成果，又是以后公开发表的《政治经济学批判》和《资本论》的直接准备。在这个承上启下的重要时刻所写的《政治经济学批判·导言》以及其中所阐述的矛盾同一性思想，绝非不成熟的观点，更不是草率的意见。况且，这些思想既多见于以前的经济学著作，又贯穿于以后的经济学著作。所以，抓住《政治经济学批判·导言》，对于吃透马克思的基本的一贯的思想，会有极大的帮助。

《自然辩证法》是恩格斯的主要著作之一。这部著作作为恩格斯多年来对自然科学进行深入研究的总结，其中不仅有关于自然科学中辩证法的丰富阐述，还有对辩证法一般问题和基本规律的精辟概括。它可以说是恩格斯关于唯物辩证法专门研究的最重要著作，至少是最重要著作之一。这部著作，概括了新自然观的基本点。以能量守恒和转化定律、细胞学说和生物进化论为代表的全部自然科学的最新成果，提供了关于两极对立相对性的空前丰富的材料。而当时存在于理论自然科学中的严重形而上学的最集中表现，恰恰在于主张两极的绝对对立和固定不变。因而从矛盾规律来看，整部《自然辩证法》的主旨在于阐述两极对立的相对性，而两极对立相对性的论述，也就是矛盾同一性的论述。这一著作是恩格斯阐述自己的矛盾同一性思想的重要著作,是在马克思逝世后对马克思主义矛盾同一性理论的重要发挥和新的补充。给予《自然辩证法》以特别的重视是应该的。当然,无论《政治经济学批判·导言》还是《自然辩证法》,都只能是全部研究的引导,应借助它们提供的基本线索来进入马克思恩格斯全部著作的广阔领域,而不能满足和停留在其中做出的若干现成的结论。

三、理论的发展也是辩证的

和一切发展一样,马克思主义理论的发展,也是辩证的。它是一个复杂的曲折的运动过程。在总的方面,马克思主义理论的发展是越来越精确、丰富、完善的,是向上的运动。但这并不意味着后来的必定囊括以前的全部精华,也不意味着在各个局部上,在任何点上,都是后来超过以前。正因为这样,我们不能认为有了列宁、毛泽东等对马克思主义矛盾同一性理论的发展,马克思恩格斯的矛盾同一性思想就失去了相对独立的存在价值,不能认为只研究列宁、毛泽东等的发展了的理论就够了,对于马克思恩格斯的理论可以不必多加研究。这可以从以下三个方面具体地来看。

第一,历史总是把不同的问题提到前面。历史是发展的,在每一特定历史条件下提出的问题会有种种不同。马克思主义理论作为无产阶级的思想武器,服务于阶级事业发展的需要,回答和解决所面临的各种不同问题。列宁、毛泽东等在回答和解决自己时代提出的各种问题中,继承和发展了马克思恩格斯的理论。这种继承和发展,是在基本理论和方法上的继承和发展,绝不是"知识仓库"式的继承和发展。这样,在马克思主义哲学发展史上,就不可避免地出现如下状况:在一些问题上，马克思恩格斯涉及较少，而在列宁、毛泽东那里研究和阐述得很多很深；而在另一些问题上，则出现了相反的情况，马克思恩格斯研究和阐述得相当充分，在列宁、毛泽东那里却甚少涉及。例如矛盾同一性中的“直接同一性”问题，在马克思恩格斯著作中曾是一个相当重要的内容，在列宁、毛泽东的著作中则相对地涉及不多。

历史发展的辩证法，又常常把那些曾经被提到重要位置上来的、以后又逐渐淡化了的问题，在新的历史条件下重新提了出来。马克思恩格斯的直接同一性思想和论述，对我们今天社会主义建设的现实活动具有直接的指导意义。马克思指出，生产和消费有着直接的同一性：生产即消费，消费即生产。但我们在过去很多年的社会主义建设中，在处理生产和消费的关系上，却不大懂得和重视这个道理，结果吃了很大的亏。一方面，不注意“生产即消费”，建设某项工程，选点也好，定规模也好，常常没有充分考虑生产所要“吃掉”的原料、材料和动力等是否有保障，即“生产的消费”是否能实现，结果造成了很大损失。另一方面，又不注意“消费即生产”，不懂得消费本身又是劳动力的生产和再生产。忽视人民物质生活和文化生活的提高，消费偏于萎缩并缺乏积极的和正确的引导，使其与现代化要求的差距越来越大。由我国社会主义建设实践的经验教训所提供的这些道理，马克思早在一百多年前就讲过并且讲得很充分了。

第二，普遍只存在于特殊之中。唯物辩证法是关于自然界、社会和人们思维发展的普遍规律。然而，对普遍规律的揭示，总是离不开特殊领域，总要通过一定的特殊领域。普遍对特殊的这种依赖，使得普遍得以揭示和展开，也使得在揭示和展开中不可避免地渗透了特殊。有时，普遍规律的揭示和展开直接结合着一定的特殊领域，这种情况下普遍之中往往留有特殊的痕迹,特殊对普遍的渗透是比较明显的。有时,普遍规律的揭示和展开离开了一定的特殊领域而采取了一般的形式,但是它的背后实际上仍受着一定的特殊领域的影响,在问题的侧重点上、在展开的方面上,都会因所受影响而不同。所以,通过不同的特殊领域而阐发的普遍规律,虽然同是普遍规律,却又包含着不同的意义。

毛泽东同志的《矛盾论》,继承和发展了马克思主义的矛盾理论,阐明了矛盾规律的诸多方面。这一科学理论,成为中国共产党人的世界观和方法论,引导中国革命取得了伟大胜利。它作为中国革命实践经验的哲学总结,是以中国的政治斗争和社会革命为主要依托的,这就又使得它在其他领域(例如经济领域和自然科学领域)不可能充分地展开,也不可能更深入地揭示在这些领域中有突出表现的普遍规律的某些方面。同是谈"转化",《矛盾论》中的"转化",与《自然辩证法》中的"转化",在总的方面一致的前提下,又有着各自不同的特色,有着各自不同的理论侧重点和展开的方面。这样,马克思恩格斯在经济领域和自然科学领域的研究中所阐述的矛盾同一性思想,有着为《矛盾论》所不能替代的价值。

第三,发展是"进化",同时又总是某种"退化"。恩格斯在谈到生物进化时指出,任何一种进化同时又总是某种退化。同样,在理论的发展上也具有这种二重性,发展同时又是某种"退化",优点同时又是某种缺点。

矛盾同一性问题,经过列宁、毛泽东的卓绝努力,逐步形成了哲学上的高度概括。《矛盾论》提出对立面的相互依存和相互转化是矛盾同一性的两种情况。这一概括,表现出理论的上升运动,表现出哲学概括的优点,是对马克思主义矛盾同一性理论的重要贡献。但同时,也正由于其高度概括性，带来了未能充分展开的缺陷。这就潜藏着某种危险，在一定条件下，也就是说如果不注意，就会把问题弄得简单化、公式化。马克思恩格斯的矛盾同一性思想，虽然尚未达到哲学上的集中概括（这不得不说是一种缺陷），然而却由于展开的丰富性和分析的细腻入微，表现出很大的优点。例如在对立面的相互依存上，马克思具体地阐述了如何实现这种相互依存的问题，提出并分析了对立面相互媒介和相互创造。马克思的这些思想至今仍然有着重大的理论意义和实践意义，值得我们学习。

综上所述，即便是从理论发展的角度看，我们也应树立起这样的认识：必须进一步发掘马克思恩格斯的矛盾同一性思想遗产，对其加以认真学习和研究，并使之同对列宁、毛泽东等的矛盾同一性思想的学习和研究紧密结合起来。如果我们做到了这一点，那么，由于了解了理论建立和发展的全过程，我们就能够较准确地分辨理论在发展的每一阶段上的主要成就和特色；由于有了多种阐述的相互补充和相互参见，我们就能够较准确地理解理论的精神实质，较完整地把握理论的全部要点；由于完整地、准确地认识了马克思主义矛盾同一性理论，就能够在实践活动中正确地广泛地应用这一理论。

第一章　矛盾同一性总论

一、矛盾同一性最基本的规定

研究矛盾同一性，首先要弄清什么是矛盾。介绍马克思恩格斯的矛盾同一性思想，也得从他们的矛盾观讲起。

在马克思恩格斯看来，矛盾就是对立统一。他们采取了多种表述方式，如对立面的统一、对立面的结合、对立面的联系、两极相逢、极端相合等。除了这一类表述外，他们还采取了另一类表述方式，如二律背反、统一体的对立、一种二重的存在、一个两面的过程等。这两类表述，都是说明了矛盾是既对立又统一的。只是在不同的场合，由于需要不同，强调的侧重面也有所不同。前一类表述，往往偏重于对立统一的“统一”方面；而后一类表述，则突出了对立统一的“对立”方面。

在矛盾中，作为对立，它是统一中的对立；作为统一，它是对立中的统一。对立和统一，都是矛盾的本质规定。马克思下面这些话，清楚地表达了这一思想。马克思说：“在世界市场危机中，资产阶级生产的矛盾和对抗暴露得很明显。”他在分析这一矛盾时指出：市场上的“买和卖，或者说，商品的形态变化运动，代表着两个过程的统一，或者确切些说，代表着一个经历两个对立阶级的过程，因而，如果这个运动本质上是两个阶段的统一，那么，这个运动同样本质上也是两个阶段的分离和彼此独立”①。这就是说，统一是矛盾的本质，对立也是矛盾的本质。无论是离开对立，还是离开统一，都是违背了矛盾的本质。

矛盾，是对立统一的关系。由此决定了矛盾同时具有矛盾对立性和矛盾同一性这两种基本属性。这绝不是偶然的或人为的。一方面，只要是矛盾，就一定有这两种性质，一定有对立性的存在，也一定有同一性的存在。另一方面，只有具备了这两种性质，矛盾才成为矛盾。离开了其中任何一种性质，就形不成对立统一的关系，矛盾就不复存在。对于矛盾来说，矛盾同一性和矛盾对立性是最本质的和最一般的两种性质，这就是它们成为矛盾的基本属性的根源所在。

任何一个具体矛盾，都会有许多属性。但除了矛盾的同一性和对立性之外，其他各种属性都不具有一般的意义，它们可以是某个或某些矛盾的属性，而不是一切矛盾的属性。这些属性也不具有本质的意义，它们的存在可能影响甚至改变该矛盾的某些性质和情况，因而对于该矛盾来说也许是重要的，但是它们并不会妨碍其作为矛盾的存在。所以，除了同一性和对立性外，其他属性不是矛盾的基本属性。或者说，矛盾的基本属性只有对立性和同一性这两个，没有“第三基本属性”“第四基本属性”。

矛盾的同一性和对立性的这种地位，决定了它们都只能在矛盾中、在两种基本属性的相互关系中，来取得各自的规定，它们不应该也不可

① 马克思、恩格斯著，中共中央马克思恩格斯列宁斯大林著作编译局译：《马克思恩格斯全集》第 26 卷第二册，人民出版社 1973 年版，第 570—571 页。

能从其他什么地方取得自己的规定。

矛盾的同一性和对立性的这种地位，又决定了它们都只能是相对的，而不具有绝对的意义。把一种基本属性绝对起来，不只是侵害了另一种基本属性的存在，而且是侵害了矛盾本身。

无论矛盾对立性还是矛盾同一性，正是从对方属性的相对性上获得了自己的规定。矛盾对立性不是别的，就是矛盾同一的相对性。矛盾同一性也不是别的，就是矛盾对立的相对性。这就是它们最简单的而又最根本的规定。

明确矛盾同一性即矛盾的对立的相对性，这一点非常重要。我们在研究中应该牢牢抓住这一最根本的规定。关于矛盾同一性的其他各种说法，或是这一规定的变换说法，或是这一规定的具体表现。如果不先明确这一最根本的规定，就容易如堕烟海，理不出头绪，就会在判定同一性时失去标准，或是陷入众多的范畴系列之中，或是陷入某种片面性，顾此失彼。

附带说一下，从这里我们还可以得到一种认识，那就是矛盾同一性的研究，是对立相对性的研究，从而也是矛盾对立性的一种研究。反之亦然。在我们的研究中也不应该把两者绝对对立起来。

对立的相对性，是矛盾辩证法的基本观点。恩格斯多次强调指出：一切对立都只是相对的。他说："从辩证的观点看来，运动表现于它的反面，即表现在静止中，这根本不是什么困难。对辩证的观点来说，这一切对立，正如我们已经看到的，都只是相对的"①；又说，"人们也不再

① 马克思、恩格斯著，中共中央马克思恩格斯列宁斯大林著作编译局译：《马克思恩格斯全集》第20卷，人民出版社1971年版，第68页。

敬重还在不断流行的旧形而上学所不能克服的对立，即真理和谬误、善和恶、同一和差别、必然和偶然之间的对立了；人们知道：这些对立只有相对的意义”①。

恩格斯甚至认为对立的相对性是辩证法的初步知识。他在批评形而上学的杜林时指出：“真理和谬误，正如一切在两极对立中运动的逻辑范畴一样，只是在非常有限的领域内才具有绝对的意义；这一点我们刚才已经看到了，即使是杜林先生，只要他稍微知道一点正是说明一切两极对立的不充分性的辩证法的初步知识，他也会知道这一点的。只要我们在上面指出的狭窄的领域之外应用真理和谬误的对立，这种对立就变成相对的”②。

对立的相对性作为辩证法的基本观点和初步知识，当然不只是马克思主义辩证法所独有的。黑格尔就有相当丰富和深刻的阐述。恩格斯非常重视黑格尔关于对立的相对性的思想，他在《自然辩证法》中引录了黑格尔《哲学全书》的“在本质中一切都是相对的”这句话，并在“相对的”下面加上了着重号。黑格尔认为范畴在本质中与在存在中不同。存在中的各范畴是独立的。而在本质中的各范畴就自身来说毫无意义，它们是互相对待互相联系的，联系是本质自己特有的规定。在存在中的各范畴间联系只是潜在的，而在本质中这种联系则明显地设定起来了。由于黑格尔在“本质论”中充分展开了对立范畴的相互联系的研究，揭示了对立的相对性，所以恩格斯说：“黑格尔从存在进到本质，进

---

① 马克思、恩格斯著，中共中央马克思恩格斯列宁斯大林著作编译局译：《马克思恩格斯全集》第 21 卷，人民出版社 1965 年版，第 338 页。

② 马克思、恩格斯著，中共中央马克思恩格斯列宁斯大林著作编译局译：《马克思恩格斯全集》第 20 卷，人民出版社 1971 年版，第 99 页。

到辩证法。在这里他研究反思的规定，它们的内在的对立和矛盾。”①

对立相对性的认识，是为科学的发展所证实了的真理。自然科学揭示了这一真理。恩格斯及时地出色地运用了当时的自然科学新成果，在各种科学的领域中指出了对立的相对性质。例如，他分析了数学中正和负两极对立的相对性。他说：“正和负，它们只是在它们的相互关系中才有意义，而每一个对自己说来是没有意义的。”②“代数学上的负数，只是对正数而言，只是在和正数的关系中才是实在的；在这种关系之外，就其本身来说，它们纯粹是虚构的。”③在分析每一科学领域中对立相对性的基础上，恩格斯进一步提出了对立相对性是辩证自然观的核心的论点。他在《反杜林论》第三版序言中写道：“这些对立和区别，虽然存在于自然界中，可是只具有相对意义，相反地，它们那些被设想的固定性和绝对意义，则只不过是被我们人的反思带进自然界的——这样的一种认识，构成辩证自然观的核心。”④应该指出的是，对立相对性，不仅是自然辩证法的论点，而且是历史辩证法和思维辩证法的论点，它是“二千五百年来的哲学发展所达到的成果”⑤。

对于这样一个辩证法的基本观点，这样一个成为辩证法和形而上

---

① 马克思、恩格斯著，中共中央马克思恩格斯列宁斯大林著作编译局译：《马克思恩格斯全集》第20卷，人民出版社1971年版，第50页。

② 马克思、恩格斯著，中共中央马克思恩格斯列宁斯大林著作编译局译：《马克思恩格斯全集》第20卷，人民出版社1971年版，第555页。

③ 马克思、恩格斯著，中共中央马克思恩格斯列宁斯大林著作编译局译：《马克思恩格斯全集》第20卷，人民出版社1971年版，第607页。

④ 马克思、恩格斯著，中共中央马克思恩格斯列宁斯大林著作编译局译：《马克思恩格斯全集》第20卷，人民出版社1971年版，第16页。

⑤ 马克思、恩格斯著，中共中央马克思恩格斯列宁斯大林著作编译局译：《马克思恩格斯全集》第20卷，人民出版社1971年版，第17页。

学重要分野的基本观点，我国哲学界缄默已久。这一事实意味着什么呢？不正说明多少年来实际上丢弃了矛盾同一性，从而也极大地歪曲了马克思主义矛盾理论吗？今天，我们在理论上拨乱反正，重提对立的相对性，并且明确矛盾同一性最基本的规定就是对立的相对性，这就抓住了根本，就有可能使马克思主义矛盾同一性的全部理论得到真正的恢复和发展。

建立了对立相对性的认识，我们就可以进而探讨矛盾同一性的基本类型的问题了。

二、直接同一性和间接同一性

马克思恩格斯把矛盾同一性明确分为直接同一性和间接同一性两大类型。

马克思在《1844 年经济学哲学手稿》中论述雇佣劳动和资本的对立统一关系时指出："私人所有制底关系是劳动、资本和二者底交互关系。这些环节不得不贯穿的运动是：第一——二者底直接的或间接的统一性。初起资本和劳动还合一；其次虽然分离而疏远，但各自作为积极的诸条件互相提升并促进着。"[①]这是马克思第一次提出直接同一性和间接同一性区别的地方。

---

① 这段文字在《马克思恩格斯全集》第 42 卷第 110 页上译为："私有财产的关系是劳动、资本以及二者的关系。这个关系的各个成分所必定经历的运动是：第一——二者直接的或间接的统一。起初，资本和劳动还是统一的；后来，它们虽然分离和异化，却作为积极的条件而互相促进和互相推动。"

两种译文各有短长。但"初起资本和劳动还合一"比"起初，资本和劳动还是统一的"较为确切。只说起初"统一"，并不体现此时"统一"的特点，即直接的统一的特点；而且起初"还是统一的"又给人以后来不统一了的印象。所以本文采取了单行本的译文。

马克思在1857年所写的《政治经济学批判·导言》中，论述了生产和消费表现为三方面的同一性，这就是："(1)直接的同一性：生产是消费；消费是生产。""(2)每一方表现为对方的手段；以对方为媒介。""(3)……两者的每一方由于自己的实现才创造对方，把自己当作对方创造出来。"[①]其中(1)已标明是直接同一性，而(2)和(3)实际上讲的是间接同一性。

可见，无论在马克思主义形成时期还是成熟时期，马克思始终认为矛盾同一性有着直接同一性和间接同一性之别，存在两种基本的类型。

那么，这两种不同类型的同一性的区别在哪里呢？

正如范畴本身所表明的，根本区别就在于一种同一性是直接的，而另一种同一性是间接的。直接的(Unm I ttelbare)，德文语义为"无居间联系的""无中介作用的"等。所谓直接同一性，也就是没有中介的、不必经过中介的同一性。相反，间接同一性，则是有中介的、需要通过中介的同一性。关于"间接的"是"有中介的、需要通过中介的"的意思，可以从马克思著作中得到印证。马克思在《论犹太人问题》一文中写道："国家，尤其是共和国和宗教的关系也无非是组成国家的人和宗教的关系。……人是间接地、通过一个中间的——虽然也是必要的——环节得到政治解放、获得自由的。""即使人已经通过国家宣布自己是无神论者，即宣布国家是无神论者，但他还是受着宗教的限制，这正是因为他只是间接地通过中间环节承认自己的。"[②]关于组成国家的人和宗

① 马克思、恩格斯著，中共中央马克思恩格斯列宁斯大林著作编译局译：《马克思恩格斯全集》第46卷上册，人民出版社1979年版，第30页。

② 马克思、恩格斯著，中共中央马克思恩格斯列宁斯大林著作编译局译：《马克思恩格斯全集》第1卷，人民出版社1956年版，第426—427页。

教的关系如何，我们可以不必顾及，而“间接地”也就是“通过中间环节”的意思则是十分清楚的。

我们还是结合着马克思所谈的劳动和资本、生产和消费这两对具体矛盾，分别看一看直接同一性和间接同一性的不同特征。

直接同一性。在劳动和资本矛盾上，马克思说的是“初起资本和劳动还合一”，“合一”表现了同一的直接性。在生产和消费矛盾上，马克思说，“生产是消费；消费是生产”，用哲学的语言来说，就是一方直接就是它的对方。矛盾双方的直接合一，一方就是它的对方，这就是马克思所讲的直接同一性。既然双方是直接合而为一的，一方直接就是另一方，当然也就是没有中介的、不需要中介的同一性。

间接同一性。在劳动和资本矛盾上，马克思说，“后来，它们虽然分离和异化，却作为积极的条件而互相促进和互相推动”①。这时对立的双方已经获得了各自相对的独立，从而成为了真正的对立面，而同一性则表现在这两个对立面之间的相互联系和关系上，即互为条件，互相促进和互相推动。由于这种同一性已经不是直接合一，而是两个相对独立的对立面之间的相互关系，所以是间接的同一性。在生产和消费矛盾上，马克思对间接同一性有着精确的说明。马克思分析和阐述生产和消费的同一性有三项表现，第一项是直接同一性，第二、第三项是间接同一性，这样，在第二项中除了说了本项的内容外，还阐述了间接同一性的一般特征、间接同一性与直接同一性的不同。他指出：“这是一个运动，它们通过这个运动彼此发生关系，表现为互不可缺，但又各自

① 马克思、恩格斯著，中共中央马克思恩格斯列宁斯大林著作编译局译：《马克思恩格斯全集》第42卷，人民出版社1979年版，第110页。

处于对方之外。”[①]这里，马克思提出了相互联系着的两点重要思想：

第一，这是一个运动，对立双方是通过这个运动彼此发生关系的。所谓运动，包含着两个方面的意思。其一，是指每一方的存在和发展，要通过对方，要以对方为中介。以生产和消费媒介来说，只有有了消费的要求才会有生产的存在，只有消费提出了数量和质量上的新要求才会有生产的发展；同样，只有生产出了产品才能进行消费，只有生产的扩大和提高才会有消费的扩大和提高。这里明显地存在着一个运动：A—B—A′或 B—A—B′。其二，这样的通过对方、以对方为中介的运动，不是一次性的，而是不断地进行的。A—B—A′并没有结束运动，而只是运动的开始。运动是一个过程，A—B—A′，继而是 A′—B′—A″等。对立双方正是通过这样的运动发生关系。它们的关系正是存在于这个运动之中。在矛盾的间接同一性的各种表现中，我们都将明显地看到这样的运动。这是间接同一性的一大特征。直接同一性由于是直接地合一，不存在这样的运动，彼此的关系也不必通过一个运动来实现。

第二，表现为互不可缺，但又各自处于对方之外。“互不可缺”和“各自处于对方之外”两者必须结合起来理解。“互不可缺”是两个“各自处于对方之外”的对立面间的“互不可缺”，是一个矛盾体中两个已经相对独立的方面之间的“互不可缺”。而“各自处于对方之外”又是“互不可缺”地各自相对独立，并非互相不发生联系和关系。这第二点，正是间接同一性必然是一个运动、对立面必须通过这个运动发生关系的

① 马克思、恩格斯著，中共中央马克思恩格斯列宁斯大林著作编译局译：《马克思恩格斯全集》第 46 卷上册，人民出版社 1979 年版，第 30 页。

根本原因所在。如果只是各自处在对方之外,而并非互不可缺的,那么也就不必通过一个运动来发生关系了。如果只是互不可缺,但各自并不处于对方之外,如直接同一性那样,那么同一也不必通过一个运动,表现为一个运动。

马克思关于矛盾同一性区分为两大基本类型的思想,以及对直接同一性和间接同一性的解释,是继承了黑格尔的有关思想的。黑格尔在其《逻辑学》《小逻辑》中对范畴的直接性和间接性做了大量的分析,并且已经提出了直接同一和间接同一的问题。例如,他在《逻辑学》中考察"内"和"外"的同一性时指出有两种同一:一种是"直接同一",这是一种"无中介的同一,是每一规定直接颠倒转为其对立的规定","一个规定直接是另一规定";另一种则是"有中介的(间接的)同一"①。从这些论述中,我们可以清楚地看到马克思思想的理论来源,也进一步证明了我们对马克思思想的理解。

直接同一性和间接同一性,作为矛盾同一性的两大类型,有着这样那样的区别。但它们都是矛盾同一性,都表现了矛盾对立的相对性。间接同一性表现了对立的相对性。劳动和资本也好,生产和消费也好,矛盾双方虽然"分离",虽然"各自处于对方之外",但都不是绝对的对立,都还有着"互不可缺"的多种联系和关系,以致它们的对立是不充分的。直接同一性也表现了对立的相对性。在直接同一中,对立的双方,还没有"各自处于对方之外",还是内在的差别、潜在的对立。它们连严格意义上的对立面都称不上,更不用说是绝对对立了。这时的两者关

① [德]黑格尔著,杨一之译:《逻辑学》下卷,商务印书馆 1976 年版,第 176、175、172 页。

系是采取了直接合一的方式，是自身中的“联系”。所以，在一定意义上，直接同一性由于对立的极其不充分和同一采取合一形式，更加表现出对立的相对性。

间接同一性之为矛盾同一性，我国哲学界是没有异议的。对于直接同一性，自从马克思的直接同一性思想被重新提出以来，一直有着不同看法。有的同志认为直接同一性讲的是形式逻辑上的“同一”，甚至是形而上学的等同，所以直接同一性不是矛盾同一性，讲辩证法不应该也不需要讲它。

形式逻辑的同一律，其公式是 A＝A，这是众所周知的。直接同一性讲的是不是这个 A＝A 呢？不，不是。一方即对方，肯定即否定，自身即他物等，讲的是 A 与“反 A”的直接合一，讲的是差别（“对立面”）的统一的一种情况，如果也用公式来表示，那么这个公式应是 $A=\overline{A}$。这个公式不仅与形式逻辑的 A＝A 明显不同，而且在形式逻辑上是绝对不能接受的。怎么能说直接同一性是讲形式逻辑的同一律呢？

形而上学的同一性，是抽象的僵死的同一性。所谓“抽象的”，是说它不是具体的，不是在同一性中包含了差异性的。所谓“僵死的”，是说它只是永恒的自身保持和自我等同，不是发展中、过程中的同一性。和形而上学相反，辩证法讲的直接同一性，是对立因素之间的合一，是包含了差别的同一，而且我们在以后还将谈到，直接同一的不同形式在存在上都是有限制的、有条件的，它在矛盾运动过程中是有变化、有发展的。所以，直接同一性是辩证法范畴，绝不是形而上学同一性。

直接同一性和间接同一性本来都是矛盾的同一性，但我国长期以来把矛盾同一性仅仅局限于间接同一性的范围之内，不讲直接同一性，以致直接同一性在今天看来似乎是一种新的东西了。在这种情况下，重新学习马克思恩格斯关于矛盾同一性划分为两大类型的思想，补充和发展我们的原有认识，克服片面的先入之见，具有十分重要的意义。

两种基本类型的矛盾同一性，各自又有着多种的具体表现形态。从马克思恩格斯的论述中可以做如下的总结：直接同一性，包括原始的直接同一性和每一对立面内部的直接同一性。间接同一性，包括对立面的相互依存（对立面的相互媒介和相互创造）和对立面的相互贯通（对立面的相互渗透和相互转化）。这些直接的或间接的矛盾同一性的具体表现，我们将在本书后面的各章中分别地、较充分地加以展开。

三、区别"同一性"和"矛盾同一性"

研究矛盾同一性，很自然地会对"同一性"范畴表现出特别的关注。但是，"同一性"和"矛盾同一性"，是两个既有联系又有区别的范畴。

这两个范畴，本来并不相同。就其历史上的形成来说，"同一性"是个古老的范畴，在中国哲学史上，春秋时期就已出现，在西方哲学史上则古希腊就有。而"矛盾同一性"范畴的最终确立，是在毛泽东同志的《矛盾论》中。就其本来意义来说二者也是不同的。"同一性"表示相同、相等、自身等同等，而"矛盾同一性"则表示矛盾体中对立的相对性的意义。

但是，这两个本来并不相同的范畴，又历史地形成了相互间的联系。由于"矛盾同一性"范畴形成较晚，矛盾同一性的思想有时就借用了"同一性"范畴来表达。而且，在"矛盾同一性"范畴形成之后，人们还习惯性地以"同一性"范畴作为矛盾同一性的简略说法。这样，"同一性"范畴在保留原有意义的同时，有时又含有了矛盾同一性的意义。

从范畴的发展上看，当一范畴有了新的意义时，会发生几种变化。

一是新意取代了原意，原意趋于消失，逐渐不用了。如“形而上学”范畴，原意“在物理学之后”，相当于“哲学”范畴，后来成为一种反辩证法的思维方法的通称，其原意只在历史考察的狭小范围内保留。二是原意继续保留，但已处于次要的地位。如“矛盾”范畴，起初大抵用来表达对立、对抗、冲突、两难等，后来主要是在对立统一的意义上使用，但在原来意义上也继续使用，并不消失。三是原意始终作为该范畴的基本意义，所增添的新意只是附加的成分。“同一性”范畴就是这样。用它来表示矛盾同一性思想，只具有借用性质、简略说法性质。而在哲学的范围之外，几乎只表达其原有意义。

在马克思恩格斯著作中，矛盾同一性思想是已经形成了的，而且是相当丰富和完备的，但他们还没有直接采用“矛盾同一性”范畴来概括。在他们那里，矛盾同一性思想，有时采取了如“对立的相对性”那样的其他表达方式，有时直接用矛盾同一性的各种具体表现如“相互依存”“相互转化”等来表达，有时则是利用和改造了“同一性”范畴，作为“矛盾同一性”范畴的暂时替身，但这种情形并不多见，“同一性”范畴最大量的使用还是在其原来的各种意义上。这样就出现了一种奇特的现象，马克思恩格斯的矛盾同一性思想并没有使用“矛盾同一性”范畴，也主要不是使用“同一性”范畴。我们要研究马克思恩格斯的矛盾同一性思想，不仅找不到“矛盾同一性”，还主要地、大量地应在“同一性”之外去寻找。如果不明白这一点，一见有“同一性”字眼，就不加分辨地以为讲的就是矛盾同一性，就直接引用，就解释发挥，势必造成极大的混乱。多年来，种种误解和无谓争议的发生，一个重要原因就在于此。

要区别“同一性”范畴在哪些场合是表达矛盾同一性的意思，哪些场合又不是，关键在于把握住矛盾同一性的基本规定，看一看是说矛盾统一体中的两极对立的相对性还是别的什么。下面，我们具体地来看一看马克思恩格斯著作中"同一性"范畴的使用情况和各种意义。

第一，自身的保持。马克思恩格斯著作中的"同一性"范畴的一个重要含义，是表达某物的质或量的自身保持。

马克思说："资本主义生产的决定目的，总是预付价值的增殖，不管这个预付价值采取它的独立的形式，即货币形式，还是采取商品形式，因而它的价值形式在预付商品的价格中具有仅仅观念上的独立性。在这两个场合，这个资本价值在它循环时都要经过不同的存在形式。这个资本价值自身的同一性，是在资本家的账簿上或在计算货币的形式上得到证实的。"①这里是说，不管垫付资本在运动中经过了什么形式，始终保持了垫付资本的价值。

马克思说："交换价值现在已经不再是简单的等价物或劳动的简单的物化，而是物化了的并且独立化了的这样的交换价值：它只是为了更新自己并从自己出发重新开始流通，才把自己提供给劳动，变成劳动的材料。因此，这也不再象在流通中那样是单纯的相等即保持交换价值的同一性，而是自我增殖。"②这里的"同一性"是指价值量的自身保持。

以上两段中，"同一性"讲的并非矛盾同一性，是较明显的。但往后的这几段中，则需要仔细地分辨。

恩格斯说：在无机界，"每一个物体都不断地受到机械的、物理的、

---

① 马克思著，中共中央马克思恩格斯列宁斯大林著作编译局译：《资本论》第 2 卷，人民出版社 1964 年版，第 171 页。

② 马克思、恩格斯著，中共中央马克思恩格斯列宁斯大林著作编译局译：《马克思恩格斯全集》第 46 卷上册，人民出版社 1979 年版，第 218—219 页。

化学的作用，这些作用经常在改变它，在修改它的同一性”[①]。无机界中每一物体实际上并不是始终和自身同一、常住不变的。它一方面维持原样，同时又不断有着细微变化而不维持原样。维持原样，称之为“同一性”；又不维持原样，叫作：“同一性”经常地得到“修改”。

恩格斯又说：“植物，动物，每一个细胞，在其生存的每一瞬间，都既和自己同一而又和自己相区别。”[②]这段文字所表达的意思和其中“同一”的含义，与讲无机界时是一样的。

从上述无机界、有机界以及其他领域中的同一和差异关系的分析中，恩格斯得出了哲学上的一般结论：“真实的具体的同一性包含着差异和变化。”[③]。抽象的同一性，a＝a，每一事物都和自身同一，一切都永久不变。具体的同一性，则认为这种自身保持只能是相对的，自身同一的同时又有着差异和变化，在保持相对稳定下的差异和变化。这种包含了差异和变化的自身同一，才是客观存在着的、“真实的”。

恩格斯的这几段文字，的确阐述了矛盾同一性的思想，它们指明了“同一”和“差异”的两极对立的相对性，“同一”和“差异”只是“同一个东西的两极”，而不是“不可调和的对立”[④]。但是，就这几段文字中的“同一性”范畴本身来说，却不是用来概括“同一”和“差异”两极之间联系的

① 马克思、恩格斯著，中共中央马克思恩格斯列宁斯大林著作编译局译：《马克思恩格斯全集》第20卷，人民出版社1971年版，第556页。

② 马克思、恩格斯著，中共中央马克思恩格斯列宁斯大林著作编译局译：《马克思恩格斯全集》第20卷，人民出版社1971年版，第556页。

③ 马克思、恩格斯著，中共中央马克思恩格斯列宁斯大林著作编译局译：《马克思恩格斯全集》第20卷，人民出版社1971年版，第557页。

④ 马克思、恩格斯著，中共中央马克思恩格斯列宁斯大林著作编译局译：《马克思恩格斯全集》第20卷，人民出版社1971年版，第558页。

性质和情况，不是用来概括这两极对立的相对性，而只是“同一个东西的两极”中的一极，即“同一”和“差异”中的“同一”一极。所以，这里的“同一性”范畴，依然是自己同一、自身保持、某物之为某物者。

第二，相互等同。用“同一性”范畴表达两者或多者的相互等同，这与上述自身保持的含义类似，区别在于相互等同是两个或多个事物之间的比较，而自身保持则是一个事物在自身发展中的比较。

马克思说：“因为一般劳动时间本身只容许有量的差别，所以要充当它的特殊化身的那种物体必须能够表现纯粹的量的差别，因而首先要有同一性，同质性。”①这里讲的“同一性”即“同质性”，质的相同性。这样的用法，在马克思恩格斯的经济学著作中是相当多的。

在其他一些著作中也有所见。如在《路易·波拿巴的雾月十八日》一书中，马克思写道：“由于各个小农彼此间只存在有地域的联系，由于他们利益的同一性并不使他们彼此间形成任何的共同关系，形成任何的全国性的联系，形成任何一种政治组织，所以他们就没有形成一个阶级。”②

又如恩格斯说“通过光谱分析证明了宇宙物质的化学上的同一性”③。光谱分析被运用于分析宇宙中射来的各种光，结果表明宇宙中所有元素在地球上都有，证明了天体和地球是同样的物质构成的，并不是地球上和地球外的元素各不相同，这就是“宇宙物质的化学上的同一

① 马克思、恩格斯著，中共中央马克思恩格斯列宁斯大林著作编译局译：《马克思恩格斯全集》第 13 卷，人民出版社 1962 年版，第 143 页。

② 马克思、恩格斯著，中共中央马克思恩格斯列宁斯大林著作编译局译：《马克思恩格斯全集》第 8 卷，人民出版社 1961 年版，第 217 页。

③ 马克思、恩格斯著，中共中央马克思恩格斯列宁斯大林著作编译局译：《马克思恩格斯全集》第 20 卷，人民出版社 1971 年版，第 367 页。

性”。

等同,除了质上相同的意义外,还有量上相等的意义。例如,马克思说:“信用货币本身只有在它的名义价值额上绝对代表现实货币时,才是货币。在金流出时,它兑换成货币的可能性,即它和现实的金的同一性,就成问题了。”①这里所说的信用货币与现金的同一性,既包含了同质还包含着等量的意义。

第三,同一个源泉或本质。它与前两点的意义相接近,但有细微的区别。“自身的保持”,侧重于说明“一”在诸多表现形式中始终是它自己,而“同一个源泉或本质”则是将诸多还原为一;“相互等同”是诸多的外在比较,而“同一个源泉或本质”则是对诸多的内在联系的揭露。

马克思说:“古典政治经济学力求通过分析,把各种固定的和彼此异化的财富形式还原为它们的内在的统一性,并从它们身上剥去那种使它们漠不相关地相互并存的形式;它想了解与表现形式的多样性不同的内在联系。”“在进行这种分析的时候,古典政治经济学有时也陷入矛盾;它往往试图不揭示中介环节就直接进行这种还原和证明不同形式的源泉的同一性。”②多种多样的财富形式确实具有内在统一性,并不是漠不相关地相互并存的,因为这些不同形式是由同一个源泉发展变化而来的,具有“源泉的同一性”。古典政治经济学的错误在于在进行这种还原时忽略了中介环节。

① 马克思著,中共中央马克思恩格斯列宁斯大林著作编译局译:《资本论》第3卷,人民出版社1975年版,第585页。

② 马克思、恩格斯著,中共中央马克思恩格斯列宁斯大林著作编译局译:《马克思恩格斯全集》第26卷第三册,人民出版社1974年版,第555、556页。

恩格斯说“各种自然力的同一性”[①]。各种“自然力”，指自然界中各种具体的物质运动形态。物质运动的多种形态，只是“同一运动的不同形式”[②]。宇宙间多样性统一的基础，正是在于这种多样性来源于同一个源泉或本质。

马克思说：“北极和南极都同样是极，它们的本质是同一的；同样，男性和女性构成同一个类、同一种本质——人的本质。北和南是同一种本质的两种对立的规定，是同一种本质在高级发展阶段上的差别。”[③]同样的思想，恩格斯在1891年致康·施米特的信中也有表述：“根本无法判明：性爱的欢娱，是来自差异中的同一呢，还是来自同一中的差异？在这里，如果抛开差异(这里指的是性别)或同一(两者都属于人类)，那您还剩下什么呢？”[④]这里的同一性是指同一个本质，已是十分清楚的了。

上述“同一性”范畴的“自身的保持”“相互等同”和“同一个源泉或本质”的意义，都不是讲矛盾对立的相对性，都不是讲“矛盾同一性”，这是需要我们特别加以注意的。

至于“同一性”范畴在矛盾同一性的意义上的运用，在这里就不再列举了，我们将在以后各章中陆续讲到，而且正由于使用了“同一性”范

① 马克思、恩格斯著，中共中央马克思恩格斯列宁斯大林著作编译局译：《马克思恩格斯全集》第20卷，人民出版社1971年版，第546页。

② 马克思、恩格斯著，中共中央马克思恩格斯列宁斯大林著作编译局译：《马克思恩格斯全集》第20卷，人民出版社1971年版，第417页。

③ 马克思、恩格斯著，中共中央马克思恩格斯列宁斯大林著作编译局译：《马克思恩格斯全集》第1卷，人民出版社1956年版，第355页。

④ 马克思、恩格斯著，中共中央马克思恩格斯列宁斯大林著作编译局译：《马克思恩格斯全集》第38卷，人民出版社1972年版，第202页。

畴来表述的矛盾同一性思想,我们会着重地加以引述。

第二章　原始的直接同一性

在矛盾同一性的各种表现中，首先要提出来的是原始的直接同一性(为了行文的简便，我们称它为“直接同一性Ⅰ”)。矛盾有个发展过程，直接同一性Ⅰ是矛盾处于原始的萌发时期所具有的同一性。这种矛盾同一性表现，是矛盾在以后的发展中所出现的间接同一性各种表现和直接同一性Ⅱ的基础。直接同一性Ⅰ作为“历史的起点”和“逻辑的起点”，理应首先加以介绍和论述。

一、直接同一性Ⅰ的基本含义

什么是直接同一性Ⅰ？为确切把握它的基本含义，我们介绍马克思恩格斯的有关论述。马克思恩格斯论述直接同一性有三个典型的例子。

第一个例子，即是前章已引用了的，马克思在《1844年经济学哲学手稿》中讲的劳动和资本的直接同一性。马克思的说明十分简要：“初起资本和劳动还合一。”

那么，什么是尚未分离而疏远的“初起”之时，劳动和资本又是怎样“合一”的呢？

资本和劳动的分离、对立，是资本主义生产关系的基础和主要特征。这一分离和对立的历史过程，即资本的原始积累，是借助于暴力手段而大大加速其进程的。但我们这里要研究的资本和劳动初起时的情况，则是资本主义生产关系在封建社会内部长期孕育逐渐发生的情况，是资本主义生产关系萌芽、资本和劳动两因素的形成期的情况，因此可以排除暴力手段的影响。

资本和劳动的关系，萌芽于封建社会的行会制度中。在行会制度下，手工作坊中劳动者和他的生产资料还是互相结合的。作坊主拥有自己的生产资料，同时又是劳动者。本人不仅参加劳动，而且是作坊中技艺熟练的工匠，因而是主要的劳动者。作坊中的帮工、短工和学徒，与作坊主有着双重的关系，一方面作坊主攫取他们的剩余劳动，另一方面，由于行会制度规定今天的帮工明天可以成为师傅，或由于只是打短工，因此这种雇佣劳动还是一种"暂时措施"。至于学徒，则更是主要为了学艺。

在封建行会制度下，生产资料与生产者还没有分离，但也已经包含着两极分化的可能和趋势。生产资料和劳动的结合，"就像蜗牛和它的甲壳互相结合一样"[①]。随着生产力的发展，作坊的扩大和可供剥削的剩余劳动的增多，纯封建的关系逐渐发生微妙的变化。一方面是资金的积累，达到一定的量，从而转化为资本；另一方面是雇佣劳动增加，"临时措施"转化为经常性的行为。这样，随着中世纪行会师傅发展为现代的资产者，行会帮工和行会外短工便相应地发展成为无产者。一

① 马克思著，中共中央马克思恩格斯列宁斯大林著作编译局译：《资本论》第1卷，人民出版社1975年版，第397页。

方是资本,一方是劳动,资本和劳动终于分离而疏远了。

从上可见,马克思关于资本和劳动的直接同一性Ⅰ做了两个规定,一是“初起”,一是“合一”。所谓“初起”,不是指纯封建关系之时,因那时资本和劳动两因素尚未发生;也不是指资本和劳动已经分离而疏远之时,因这时资本主义关系已经形成,从而不再是“初起”之时了。“初起”当是指在封建关系内部已经萌发了资本和劳动两因素,但这两因素又还没有发展到外部对立,还没有达到分离之时。“合一”,也是这个意思,这时行会师傅首先还是劳动者,行会帮工也还没有作为职业雇佣劳动者稳固下来。

第二个例子,是马克思在《资本论》中分析的直接产品交换上卖和买的直接同一性Ⅰ。马克思指出:“在直接产品交换上,本人劳动产品的让渡和别人劳动产品的取得,有直接的同一性。”①

在产品的直接交换上,本人劳动产品的让渡,就是别人劳动产品的取得,同一过程既是卖又是买。同一个人既是买者又是卖者,不是买者就不能是卖者,不是卖者就不能是买者。显然,在这里买和卖、买者和卖者是“合一”的,“合而为一”的,一方直接就是它的对方。正因为这样,这种同一性是一种直接的同一性。

直接产品交换,是交换过程的最初的、原始的形式。在历史上,这种交换形式发生于原始部落、氏族之间。而在交换的成熟的发达的形式即流通中,这种直接同一性不复存在。所以,买和卖的直接同一也是限于矛盾“初起”之时,这一点和上面资本和劳动的例子的情况是一

① 马克思著,中共中央马克思恩格斯列宁斯大林著作编译局译:《资本论》第1卷,人民出版社1975年版,第99页。

样的。

第三个例子，直接交换过程中商品内部所具有的直接同一性Ⅰ。马克思说："作为商品，它直接是使用价值和交换价值的统一。"[①]。不过，这里的商品是指在历史上出现于简单的、原始的、直接的物物交换中的商品，在"简单的物物交换"时，商品是"作为使用价值和交换价值的直接统一体"[②]。

马克思具体阐述了这种直接同一性。他指出，直接的物物交换，只是表示使用价值开始转化为商品，还不存在商品向货币的转化。这时，"交换价值还没有取得独立的形式，它还直接和使用价值结合在一起。这表现在两方面。生产本身，就它的整个结构来说，是为了使用价值，而不是为了交换价值，因此，在这里，只有当使用价值超过消费需要量时，它才不再是使用价值而变成交换手段，变成商品。另一方面，使用价值尽管两极分化了，但只是在直接使用价值的界限之内变成商品，因此，商品所有者交换的商品必须对双方是使用价值，而每一商品必须对它的非所有者是使用价值"[③]。

这里着重指出的是商品交换价值还未取得独立的形式。其实，与此同时，商品的使用价值也未取得独立的形式。这是同一事情的两个方面。当交换价值还不存在的时候，使用价值只是物品的效用，而不是商品的使用价值。当交换价值还未取得独立的形式时，作为商品的使

① 马克思、恩格斯著，中共中央马克思恩格斯列宁斯大林著作编译局译：《马克思恩格斯全集》第13卷，人民出版社1962年版，第30页。

② 马克思、恩格斯著，中共中央马克思恩格斯列宁斯大林著作编译局译：《马克思恩格斯全集》第13卷，人民出版社1962年版，第40页。

③ 马克思、恩格斯著，中共中央马克思恩格斯列宁斯大林著作编译局译：《马克思恩格斯全集》第13卷，人民出版社1962年版，第39页。

用价值也同样未取得独立的形式。两者都是不发展的，交换价值“直接和使用价值结合在一起”，使用价值也“直接”和交换价值“结合在一起”。只是在商品转化为货币，形成商品和货币的对立时，商品内部的使用价值和交换价值才摆脱了直接同一，分别取得了独立的形式。

根据以上马克思的论述，我们可以对直接同一性Ⅰ的基本含义做出如下概括：

第一，矛盾“双方”是直接合一的。双方还没有“分离而疏远”，矛盾的每一方都还没有各自“取得独立的形式”，因而还是内部的非独立的东西，不是外部的独立的东西。简言之，矛盾双方还是直接地合而为一。劳动和资本尚未分离，每一次卖同时就是买，使用价值和交换价值还没有取得商品和货币这样的独立形式等。矛盾同一性，由其表现为这样的直接合一，表现为同一的无中介性，决定了它是一种直接同一性而不是间接同一性。

需要说明的是，马克思这里所说的“内部”和“外部”概念，绝不是通常所指矛盾内部和矛盾外部，而是指矛盾两个方面、因素的存在状态。内部的，是指矛盾双方仅仅表现为内在的差别，还没有形成明显的两极对立，“两极”在矛盾中还不具有独立的形式。外部的，则是指已经形成了公开对立的两极，每一极各有其独立的形式，每一极在另一极之外，所以这种“外部”仍然是矛盾内部，它不排斥矛盾的内部统一。同样，马克思所说的“独立”和“非独立”，“分离”和“未分离”，都是指矛盾内部的对立面的存在状态，因而都是在相对的意义上讲的，不能把“独立”和“分离”与绝对独立和完全脱离相混同。

第二，这种直接同一性，存在于矛盾的萌发期。由于它是在矛盾的萌发、孕育、隐蔽的阶段的直接同一性，所以称之为原始的直接同一性。

劳动和资本的直接同一性Ⅰ存在于“初起”之时；买和卖的直接同一性Ⅰ存在于原始的物物交换阶段；商品使用价值和交换价值的直接同一性Ⅰ存在于流通过程出现之前。一旦劳动和资本分离、买和卖成为两个独立的行为，使用价值和交换价值各自以商品和货币的独立形式出现，也就是说一旦矛盾由萌发阶段进入形成和发展阶段，这种直接同一性Ⅰ就不再存在了。马克思说：“正像商品的交换价值二重地存在，即作为一定的商品和作为货币而存在，同样，交换行为也分为两个互相独立的行为：商品换货币，货币换商品；买和卖。因为买和卖取得了一个在空间上和时间上彼此分离的、互不相干的存在形式，所以它们的直接同一就消失了。”①

第三，直接同一性Ⅰ，是矛盾在总体上的一种同一性。这一点，是由前一点所决定的。由于在矛盾的萌发阶段，对立双方还只是内在差别，对立面尚未正式形成，因而在矛盾总体上还不可能建立有中介的间接同一而只能是直接同一。而且，在对立面尚未取得外部独立形式的情况下，这种直接同一也只能存在于总体上，而不会、不能存在于其他（如每一对立面内部）范围内。

直接同一性Ⅰ的存在是有限制的，“萌发阶段”和“总体上”就是它在时间上和空间上的限制。这两个相互联系着的限制，构成了直接同一性Ⅰ与另一种直接同一性（即直接同一性Ⅱ）间的根本区别。

二、直接同一性Ⅰ存在的普遍性

直接同一性Ⅰ是否具有普遍性，就是说，是否一切矛盾在其萌发阶

① 马克思、恩格斯著，中共中央马克思恩格斯列宁斯大林著作编译局译：《马克思恩格斯全集》第46卷上册，人民出版社1979年版，第93页。

段都有矛盾内部对立因素直接合一的情况呢?

当我们考察事物或概念的历史发展的整个过程时,在其萌发阶段,初起、孕育、隐蔽阶段,都会遇到原始的直接同一性。除了上述劳动与资本、买和卖、使用价值和交换价值三个例子外,我们不妨再举一些例子。

静电。静电和动电不同,动电是由他种运动转化而来的,静电则是由已经存在的阴阳电分裂而为阳极和阴极。正如恩格斯所说:“静电或摩擦电,是使自然界中以电的形式存在着、然而是处于平衡状态、处于中性状态的现成的电转入应力状态。”[①]静电之阴极和阳极的两极对立,最初是在平衡状态、中性状态中,只是在一定条件下才由内在的差别发展为外部的对立。外部对立中的阴极和阳极有着间接的同一性,而在矛盾尚处于隐蔽未发展状态时,则有着直接同一性Ⅰ,唯其阴阳电直接合一,才使电的形态呈现为平衡和中性。

生物。“地球上原来只有无生物,生物是后来才有的,是由无生物即死物转化而来的。”[②]生物和死物对立统一。然而这一矛盾并非一开始就建立起两极的外部对立和间接同一。在原始生命阶段,由无机物诸元素构成的高分子核酸蛋白体和其他物质所进行的复杂的化学变化,就其化学变化本身而言,是死物的特征;但就其新陈代谢而言,则已是对死物界限的冲破,生命的获得。原始生命虽然具有生命的根本特征,但它还不具有严格的独立的生物体及其生长、繁殖等运动,所以它还只能说是生物之萌芽,而不是真正的生物。原始生命的运动,表现出

① 马克思、恩格斯著,中共中央马克思恩格斯列宁斯大林著作编译局译:《马克思恩格斯全集》第20卷,人民出版社1971年版,第634页。

② 毛泽东:《在省市自治区党委书记会议上的讲话》(1957年1月)。

生物特征和死物特征两方面的直接合一。生物和死物的矛盾，在原始生命阶段，有着直接的同一性。经过多少万年的漫长岁月，地球上原始生命发展为单细胞生物。单细胞生物形成，并逐渐发展到如今包括微生物、植物、动物三大基本类别的生物界，生物和死物的矛盾才达到并充分发展了两极的外部对立，矛盾的直接同一性Ⅰ为总体连接上的间接同一性所取代。

母体与子体。在人以及胎生动物的胎儿中，作为母体的一部分和作为未来幼儿，已经有了内在的差别，然而，总的来说这时两者还是直接合一的。不仅在形体上连为一体，而且其新陈代谢的生命运动也是连为一体的。母体和胎儿有着直接的同一性。内在差别逐渐发展，胎儿出生，母体和幼儿各自取得了外部的独立的形式，直接同一性Ⅰ也就随之消失。

公有和私有。原始社会后期，随着生产力的发展及其引起的分工的发展，使经常的产品交换有了必要和可能。当氏族公社的成员"开始各自单独生产某一种产品并把这种产品在市场上出卖的时候，表现商品生产者这种物质上的单独性的私有制就出现了"①。在公有制内部萌发的私有制，在一个相当长的时期内并没有取得独立的存在形态。氏族公社后来发展为农村公社。在农村公社中，一方面耕地和草地等还是公社所有制，只是分配给各个家庭使用，还要定期进行调整或重新分配；另一方面，每个家庭已成为个体经济单位，有着房屋、农具、牲畜等私有财产。农村公社这种经济上的两重性质，表明此时私有制还没

① 列宁著，中共中央马克思恩格斯列宁斯大林著作编译局译：《列宁全集》第1卷，人民出版社1984年版，第123页。

有摆脱公有制成为一种独立的所有制，它还和公有制结合在一起，有着直接的同一性。

工业劳动和农业劳动。马克思说："一方面劳动的纯粹工业性质，要和另一方面劳动的纯粹农业性质相适应。这种纯粹农业性质的劳动，决不是什么自然发生的东西，而是一个社会发展的产物，并且是一种极为近代的产物……工业劳动一部分是和农业劳动的必要部分一样是必要劳动。它只是以前和农业劳动自然结合在一起的一部分工业劳动独立以后所采取的形式，是现在已经和它独立分离的纯粹农业劳动的一种必要的互相补充的东西。"[①]可见，农业劳动和工业劳动关系也有个发展过程，也有"自然结合在一起"和"独立分离"两阶段之别。"自然结合在一起"的农业和工业，马克思在许多地方又称之为"农工合一"。其劳动过程是"合一"的，原始的狩猎、捕鱼、耕作本身，包括着一定工具的制作，而织和纺等最初也只是当作农业的直接延续、农业的副业来进行。这样，劳动的产品，包含有农业劳动，也包含有工业性质的劳动，也是"合一"的。

权利和义务。在氏族制度内部，本来权利和义务还没有任何差别。到了"野蛮时期"的中后期，两者的差别开始出现并日益扩大。例如那时的氏族或部落的军事首长，一方面仍是由氏族或部落民主选举决定，军事首长对人民负有重大的义务，还不是近代意义的君主；另一方面，这种军事首长的职务逐渐成为一种权利，已经有了未来世袭元首或君主的最初萌芽，并出现了为谋取私利而阴谋篡权的行为。军事首长的

① 马克思著，中共中央马克思恩格斯列宁斯大林著作编译局译：《资本论》第 3 卷，人民出版社 1975 年版，第 743 页。

职务，既作为义务又作为权利而直接合一。到了“文明时期”，这种直接同一性Ⅰ终于破裂了。恩格斯指出：“如果说在野蛮人中间，像我们已经看到的那样，不大能够区别权利和义务，那末文明时代却使这两者之间的区别和对立连最愚蠢的人都能看得出来，因为它几乎把一切权利赋予一个阶级，另方面却几乎把一切义务推给另一个阶级。”①

独立农民或手工业者。马克思指出，在资本主义生产方式下，“独立农民或手工业者分裂为两重身份。作为生产资料的所有者，他是资本家；作为劳动者，他是他自己的雇佣工人。因此，他作为资本家，自己给自己支付工资，从自己的资本中取得利润，就是说，剥削他自己这个雇佣工人，他以剩余价值的形式向自己支付那应由劳动向资本交付的贡物”②。对于独立生产者来说，各种不同的职能是结合于一身的，但这种两重身份的分析，如马克思所说，“在一定意义上是正确的”③。因为在资本主义生产方式占支配地位的社会中，分离表现为正常的关系，不同职能分配在不同的人身上表现为正常的关系。独立生产者不仅生活于这样的社会中，而且作为发展趋势，自身也必定要发生两极的分化，或是成为资本家，或是沦为雇佣工人。马克思对独立生产者两重身份的分析，揭示了其两极分化前自身内部的差别性，揭示了这种内在差别结合于一身的直接同一性。

哲学和具体科学。在人类认识史上，哲学和各具体科学（包括各种

---

① 马克思、恩格斯著，中共中央马克思恩格斯列宁斯大林著作编译局译：《马克思恩格斯全集》第21卷，人民出版社1965年版，第201—202页。

② 马克思、恩格斯著，中共中央马克思恩格斯列宁斯大林著作编译局译：《马克思恩格斯全集》第26卷第一册，人民出版社1972年版，第440页。

③ 马克思、恩格斯著，中共中央马克思恩格斯列宁斯大林著作编译局译：《马克思恩格斯全集》第26卷第一册，人民出版社1972年版，第441页。

社会科学和自然科学)最初也是直接合一的。在古希腊,由于自然界还被当作一个整体而从总的方面来观察,因此,那时种种哲学的命题是与具体科学命题直接结合在一起的,并且“最早的希腊哲学家同时也是自然科学家”[①]。只是到了后来,才有了“物理学”和“物理学之后”的划分,才有了具体科学和哲学的区别。虽然后来哲学和各具体科学始终保持着密切的联系,有着内在的统一性,但这种统一性表现为一种相互间的关系和联系,与原先的直接合一是显然不同的。

以上是直接同一性Ⅰ的若干实例,足以说明这种直接同一性绝不是一两个偶然情况。当然,和整个辩证法的内容一样,直接同一性Ⅰ的普遍存在是要由全部科学史来证明的。不过,在这里还可以做理论上的一些说明。

辩证法是讲发展的。这种彻底的发展观认为矛盾是过程,每一矛盾都有自己的发生、发展和终结的历史。具体地说,每一矛盾都经历着由矛盾的最初萌发到矛盾形成、由矛盾形成到矛盾发展、由矛盾发展到矛盾的最终解决这样三个基本阶段。通常我们把矛盾的运动划分为量变和质变两大阶段,这一划分对于认识量变和质变客观存在的重大区别及辩证关系是十分重要的,但是它在反映、表述、概括矛盾的全部发展史上尚有一定的不足,它还不能反映、表述、概括矛盾的萌发期和矛盾形成之后之间的重大区别和内在联系。所以,我们不能只停留在量变和质变的划分上。把典型的矛盾发展过程划分为三个基本阶段,要更合乎实际、更完全,因而也更科学。在由矛盾的最初萌发到矛盾形成

① 马克思、恩格斯著,中共中央马克思恩格斯列宁斯大林著作编译局译:《马克思恩格斯全集》第20卷,人民出版社1971年版,第526页。

的这一阶段的矛盾同一性，正是直接同一性Ⅰ。由于过去我们对矛盾萌发期缺乏研究，这必然造成对于直接同一性Ⅰ的忽视和生疏。

在矛盾的对立性问题上，马克思主义辩证法区分了差别（或差异）和对立两个范畴。诚然，这两个范畴在其本质上是一致的，所以常常可以通用，但在许多场合，差别（或差异）和对立则作为矛盾发展不同程度的情况，作为矛盾对立性的不同表现而相区别。差别（或差异）正是矛盾萌发期的对立，是隐藏的、未发展的对立；对立则是矛盾形成后的差别（或差异），是公开的、发展了的差别（或差异）。在矛盾的发展中，矛盾的对立性和矛盾的同一性，两者是互相适应、互相一致的。矛盾的萌发期中，矛盾对立性表现为差别（或差异），这时差别已经发生，但这种差别又只是内在的差别，公开的两极对立尚未建立。所以这时的矛盾同一性，只能是一种直接的同一性，表现为差别的东西的直接合一、直接结合。

矛盾在其正式形成之前有一个萌发阶段，在这个阶段，矛盾的对立性表现为差别（或差异），相应地矛盾的同一性表现为直接同一性Ⅰ。这就是矛盾的直接同一性Ⅰ存在的根据。

正因为直接同一性Ⅰ的存在具有普遍性，所以中外历史的辩证法家们，对这种矛盾同一性有不同程度的探索和论述。这些探索和论述，又反过来成为直接同一性Ⅰ普遍存在的某种间接证明。

在马克思主义辩证法产生以前，黑格尔以自己的方式研究和表达了直接同一性Ⅰ思想。黑格尔的哲学体系是以正题、反题、合题的方式构成的，在正题中范畴是自在的，反题中范畴是自为的，合题中范畴则是自在和自为的统一。正题的自在范畴具有直接性，反题的自为范畴具有间接性，合题为直接性和间接性的统一。在正题中，在自在范畴中，黑格尔阐述了直接同一性Ⅰ的思想。正如恩格斯所说："在黑格尔那里，自在包含隐藏在某种事物、某种过程或某种概念之中的尚未发展的对立所具有的原始同一性，而在自为之中，这些隐藏的因素的区别和分离已经显现出来，它们的抗争也开始了。"[①]这里所说的"原始同一性"，就是原始的直接同一，即直接同一性Ⅰ。

三、研究直接同一性Ⅰ的意义

直接同一性Ⅰ的问题提出不久，其重大的理论意义和实践意义已有众多方面的表露，逐渐为人们所注意。我们试从以下三个方面来讨论研究直接同一性Ⅰ的意义。

第一，研究直接同一性Ⅰ，是建立"矛盾发生论"从而发展马克思主义矛盾理论的重要环节。

马克思主义的矛盾理论，包括矛盾一般的理论，我们目前所谈的矛盾理论，例如矛盾定义、矛盾性质、矛盾属性、矛盾分类等，大多属于这一范围。矛盾理论还应包括关于矛盾发生的理论、矛盾发展的理论、矛盾解决的理论。矛盾发生论是矛盾理论的一个重要组成部分。矛盾在其发生阶段上，经历了两个重大的飞跃：一个是矛盾从无到有的飞跃，它揭开了矛盾史的序幕，成为矛盾全部发展的开端；一个是矛盾由开始萌发到正式形成的飞跃，这是完整意义上的对立统一关系的建立。这两个飞跃的意义，绝不亚于矛盾发展中由量变阶段到质变阶段的飞跃，以及矛盾通过质变达到最终解决这样的飞跃。

---

① 马克思、恩格斯著，中共中央马克思恩格斯列宁斯大林著作编译局译：《马克思恩格斯全集》第20卷，人民出版社1971年版，第64页。

但是,我们以往对矛盾理论的研究,失于笼统,特别是忽视了矛盾发生论的研究。以往对矛盾理论的研究往往把矛盾的萌发阶段混同于矛盾的量变阶段,不承认矛盾的发生有一个相对独立的阶段存在,而且往往把矛盾的发生简单地归为“旧过程结束新过程开始”,看不到矛盾的发生方式如同矛盾的解决方式一样也具有多样性和复杂性。因此,要健全和完善矛盾理论,一个重要的方面就是得大大加强矛盾发生论的研究。矛盾发生论的建立,将使马克思主义矛盾理论有一个新的重大的发展。

矛盾发生论的研究,包括关于矛盾发生外界条件的研究,关于矛盾内在差别的研究以及关于直接同一性Ⅰ的研究。在矛盾的萌发阶段,矛盾同一性的状况究竟如何,直接同一性Ⅰ如何产生、如何同一;其间,间接同一性又如何孕育生长;最后,直接同一性Ⅰ和生成中的间接同一性又如何相互交错和逐步过渡——弄清这些问题,是矛盾发生论研究所不可回避的。如果空谈矛盾发生,不做这些具体深入的探索,其结果只能是近乎原地踏步。

矛盾发生论的领域内,马克思和恩格斯提供了极其深刻的思想和大量的事实素材,值得我们加以发掘和整理,发扬光大。但矛盾发生论不是本书所要解决的课题,这里只是提出这个问题,指出研究直接同一性Ⅰ对于矛盾发生论的建立是必需的。在矛盾发生论的切实研究中,必将进一步推进直接同一性Ⅰ的研究。

第二,直接同一性Ⅰ是探究事物起源的重要理论和方法。

究底必须溯源。几乎在一切科学领域中,离开对对象的历史的研究,离开了对其“由来”的研究,要深入揭示对象的本质是困难的,甚至是不可能的。而探究起源,就要掌握和运用矛盾的直接同一性Ⅰ的理论和方法。对象可能就是形成了的矛盾本身，它的起源就是该矛盾即该对象的萌发阶段；对象也可能是形成后矛盾的对立双方中的某一方，它的起源同样要在矛盾萌发阶段中去找寻。在这两种情况下都离不开矛盾萌发阶段，离不开矛盾的内在差别和直接同一性Ⅰ。我们只有在认识上运用相应的理论和方法，才能如实地把握对象的起源，把握起源中的对象。

在这方面，马克思恩格斯为我们提供了范例。上面讲到的马克思从商品内在矛盾即使用价值和交换价值的直接同一到商品和货币间接同一建立的分析，是一个最有说服力的例证。正是这一分析，找出了货币的真实起源和本质。而揭开了货币之谜，又为剩余价值的伟大发现奠定了坚实的基础。

恩格斯的《家庭、私有制和国家的起源》提供了又一出色例证。在家庭的起源、私有制的起源、阶级的起源和国家的起源上，都曾有过在旧事物发展中孕育并产生出自己的对立因素，并在一定阶段将对立因素包含于自身，从而出现两者直接合一的状况。以国家为例，随着社会生产力的发展，私有制和阶级的产生，在原始的氏族制度中，“国家已经不知不觉地发展起来了”①。萌芽中的“国家”是依附在氏族制度上的。无论是英雄时代的希腊人、王政时代的罗马人或是在联合为民族的德意志诸部落，都有过这样的管理组织，即人民大会、氏族首长议事会及企图获得真正国王权力的军事首领。这是氏族制度下一般所能发展的最发达的管理组织，是野蛮高级阶段的典型管理制度。同时，也正是在

① 马克思、恩格斯著，中共中央马克思恩格斯列宁斯大林著作编译局译：《马克思恩格斯全集》第21卷，人民出版社1965年版，第130页。

这样的组织中，氏族瓦解已经开始，新的、为阶级剥削和阶级统治服务的职能已经日渐发展起来。氏族和国家有着内在差别的直接合一的时期。它的进一步的发展，才出现了取得独立形态的真正国家权力机关。如恩格斯所说："只要社会一越出这一制度所适用的界限，氏族制度的末日就来到了；它就被炸毁，由国家来代替了。"[①]恩格斯对国家起源的考察以及在这一考察基础上对于国家本质和特征的揭示，极大地丰富和发展了马克思主义国家学说。在这里，我们可以清楚地看到直接同一性Ⅰ作为认识方法在研究对象起源中的重要作用和意义。

第三，直接同一性Ⅰ对于提高我们在实践活动中的科学预见能力具有重要作用。

科学预见的一个重要内容或方面，就是当事物刚一出现时，或者说当某事物尚处于萌芽阶段时，就能及时地发现和准确地把握，以便加以控制和引导。事物在其萌发阶段上总是不成熟的，其矛盾是不容易被认识的。只能在内在差别中发现直接同一，在直接同一中发现内在差别。这就需要有直接同一性Ⅰ的理论思维和方法。

只有在这个基础上，我们对于有些事物能在其萌发阶段及时地适当地采取措施来加以扶植、培育，促使该事物的健康成长。十一届三中全会以来农村改革获得了巨大成功，农村"专业户"的勃兴推进了我国农村分工分业迈向社会化生产。然而"专业户"主要是在联产承包后的"家庭范围的多种经营"基础上形成和发展起来的。承包之初，出现了"家家粮棉油，户户小而全"的生产格局，这似乎是种倒退，但正是在承

① 马克思、恩格斯著，中共中央马克思恩格斯列宁斯大林著作编译局译：《马克思恩格斯全集》第21卷，人民出版社1965年版，第165页。

包农户的"小而全"经营中，农民家内分工首先悄悄地展开了，它使过去萎缩了的农村家庭副业，发展成农村的家庭范围的多种经营。在这种多种经营过程中，逐步形成农户在某一经营上的优势，成为家内经营重点和主体，"专业户"于是就如雨后春笋般地出现在我国农村广阔土地上。其实，这一发展过程就是一个由原始的直接同一向间接同一的发展过程。如果我们能较及时和较准确地从"小而全"的原初同一中看到"家庭范围的多种经营"这一差别的存在，又从差别的发展中看到"外部对立"形成、专业户出现的必然性，那么我们就在工作中获得了自觉性，就会坚决落实联产承包，鼓励和扶植家庭范围多种经营，引导专业优势的形成，培养各种类型的"专业人"，就能为专业户的发展，为农村新生产力的发展做出贡献。

一种新的科学的形成，总要经过相当时期的孕育，要借助于旧的学科。它的最初萌芽常常是在旧的学科中出现，并且常常是以旧有学科的面貌出现，发展到一定时候才从它的依托物中脱颖而出，相互独立。这在科学史上是不乏其例的。当前，新技术革命正在世界范围兴起，新兴科学时有出现，借助直接同一性Ⅰ来预测发展趋势，发现新的苗头，将会帮助我们走到世界科技发展的前列。

四、由直接同一性Ⅰ向间接同一性的发展

矛盾的基本属性，即对立性和同一性，随着矛盾的历史发展而改变着自己的形态。反过来说也一样：由于矛盾对立性和同一性的形态改变，矛盾呈现出发展中的不同历史阶段。

如上所说，在矛盾的初起、萌发阶段，矛盾的对立性表现为内在的差别，矛盾的同一性表现为内在差别的无中介的直接合一即直接同一

性Ⅰ。但矛盾不会长久地停留在这一原始阶段，由于矛盾的内在搏动，不可阻挡地要由萌发阶段进入矛盾的形成和发展阶段。在新的阶段，矛盾的内在差别为外部对立所代替，相应地，矛盾的直接同一性Ⅰ也为外部对立之间的间接同一性所代替。这样，直接同一性Ⅰ和间接同一性的关系，表现为一种历史性的联系，前后相继的联系。

直接同一性Ⅰ是间接同一性的前提和基础。没有矛盾同一性的不成熟形态，就不会有矛盾同一性的成熟形态。没有矛盾的直接同一性Ⅰ，就不会有矛盾的间接同一性。这表现在两个方面：

第一，直接同一性Ⅰ所开始建立的矛盾对立因素之间的内在联系，是矛盾同一性一切形态的本质所在。

直接同一性Ⅰ已经包含间接同一性的两大基本要素。直接同一性Ⅰ是内在差别的直接合一，这就是说，其一，内在差别已经发生，这种内在差别不是绝对等同的无差别境界，而只是萌芽的未曾发展了的对立。内在差别的发生，对立因素的出现，是一个重大的变化，它宣告了矛盾史的起始，也使得以后真正的对立面的形成成为可能，使得以后对立面之间的间接同一性的产生成为可能。其二，内在差别的直接合一已经建立，对立因素之间的联系已经建立。矛盾的对立从其一开始就具有相对的性质。直接合一，对立因素的这种联系方式只是暂时的，而由这种联系方式所表明的对立面能够并必然建立起相互间的联系，则是具有本质意义的。所以直接合一也使以后间接同一性的产生成为可能。矛盾的间接同一性，正是以直接同一性Ⅰ中已经具有的两大基本要素为基础，是在这两大基本要素的进一步发展中形成的。

第二，间接同一性在直接同一性Ⅰ阶段孕育和逐步发生。在矛盾萌发阶段，矛盾同一性以直接同一性为标志。但就在这一阶段，内在差别在逐渐扩大，对立性不断得到加强和明确，相应的，在对立因素的相互关系上也在竭力挣脱直接合一这种原始形式，增加相互之间的统一和联系的成分。这就使得一旦矛盾形成，一旦潜在的对立因素发展为公开的对立，内部的东西获得了外部的表现，一句话，一旦内在差别发展为对立面，从而使得相反因素的直接合一成为不可能的时候，间接同一性就能自然而然地、水到渠成地代替直接同一性Ⅰ的地位了。

当然，由直接合一到间接同一，在直接同一性Ⅰ的阶段生长着间接同一，是个困难的过程。这是在历史上客观地实际地发生着的过程，也是在逻辑上必须完成的过程。马克思分析了商品由内在的使用价值和价值的直接同一到商品和货币的间接统一的建立，区分了价值形态或交换价值逐步发展的不同形态，由简单的、个别的或偶然的价值形态，总和的或扩大的价值形态，一般价值形态，最后达到货币形态。其间，直接同一逐渐瓦解，间接统一逐渐生长并最终建立，经历了艰难的路途是很清楚的。恩格斯在介绍马克思的这一工作时，指出了这里的困难，指出了逻辑上的困难，也指出了它所反映的历史进程中的艰难步履。恩格斯说："在说明了使用价值和交换价值之后，商品就被按照它进入交换过程时那样作为使用价值和交换价值的直接统一来叙述。这里产生了怎样的矛盾，读者可以在第 20～21 页上看到。我们仅仅指出，这些矛盾不只有理论的抽象的意义，而且同时反映出从直接的交换关系、即简单的物物交换的性质中产生出来的困难，反映出这种最初的粗陋的交换形式所必然遇到的不可能性。解决这种不可能性的办法，就是把代表一切其他商品的交换价值的特性转给一种特殊的商品——货币。”①

直接同一性Ⅰ是间接同一性的前提和基础，间接同一性则是对直接同一性Ⅰ的扬弃和发展。间接同一性是对直接同一性Ⅰ的一种否定，它否定了直接同一性Ⅰ的原始性和直接性，结束了在总体上直接合一这种简单同一方式。然而，间接同一性又是对直接同一性Ⅰ的某种保留，它保留了内在差别、对立因素在总体上相互联系这一基本性质，并且大大地展开了这一总体上的联系，从而充分显示出对立的相对性。这表现在以下几个方面：

第一，间接同一性更深刻地体现了对立面的同一性是矛盾的内在要求。

在直接同一性Ⅰ中，差别或对立的因素是内在的、隐蔽的，而表现为直接合一的矛盾同一性则是外在的、明显的。当直接同一性Ⅰ发展为间接同一性后，一切都颠倒过来了：原来的内在差别取得了公开的、外部的表现，而原来外在的、明显的直接同一则表现为一个内部的统一，不再是显而易见、一目了然的了。马克思在讲到直接产品交换上本人劳动产品的让渡和别人劳动产品的取得有直接的同一性后指出，“这种同一性，在流通中，分裂为卖和买的对立性了。说这两个独立的互相对立的过程，会形成一个内部的统一，就是说它们的内部的统一，是运动在外部的对立中”②。现在的矛盾同一性，是一种“运动在外部的对

① 马克思、恩格斯著，中共中央马克思恩格斯列宁斯大林著作编译局译：《马克思恩格斯全集》第13卷，人民出版社1962年版，第534页。

② 马克思著，中共中央马克思恩格斯列宁斯大林著作编译局译：《资本论》第1卷，人民出版社1963年版，第93页。

立中”的“内部的统一”，所以，它不再取直接呈现的方式，而且，这种统一能否实现，会始终成为一个问题。它能否实现和如何实现，取决于外部对立的情况如何。

这样一种变化，说明了什么？它不意味着同一的削弱或变得无关紧要，恰恰相反，它更深刻地表明了同一是矛盾对立面的内在要求。因为，这是已经获得了外在的、公开的、相对独立的对立所要求的统一，这是通过对立面的运动、由对立面运动本身来实现的统一。这种内在的统一尽管由于对立面的情况而有时受阻，影响统一的实现，但它终究要顽强地表现出来，如果顺利，就“平稳地”实现统一，如果受阻，那就“暴力地”实现统一，除非矛盾不再继续存在下去。

第二，间接同一性以丰富多样的形式来表现矛盾的同一性。

直接同一性Ⅰ，由于采取了直接合一、直接结合的同一方式，所以呈现出单一的、十分简单的面貌。间接同一性否定了直接同一性Ⅰ，克服了这种单一的、简单的方式。间接同一性作为对立面间的内在统一，是运动于外部对立之中、通过外部对立来实现的，这就使它获得了表现矛盾同一性的广阔天地，在这个天地中，能够最充分地展现出对立面相互统一和联系的多样性、复杂性。这样，间接同一性就与直接同一性Ⅰ形成了鲜明的对照。从直接同一性Ⅰ进到间接同一性，既是同一性由外在的直接的转为内在的，也是由单一形式发展为复杂多样的形式。

第三，间接同一性从根本上取代了直接同一性Ⅰ，但同时又在自身中对其做了某种保留。这就是当矛盾总体上建立起间接同一性后，在该矛盾的每一对立面的内部，还存在着另一种直接同一性，即直接同一性Ⅱ。在这一点上，也体现出间接同一性对直接同一性Ⅰ的扬弃和发展。关于直接同一性Ⅱ，我们将在第五章详细介绍和讨论。

第三章　对立面的相互依存

随着矛盾由萌发阶段进入形成和发展阶段，矛盾的对立性由内在差别发展为公开的对立，矛盾同一性也就由原初的直接合一发展为间接的同一性。间接同一性，是矛盾对立双方的相互依存和相互贯通。这两种关系都体现了对立的相对性，因而都是矛盾同一性；这两种关系又都建立了已经获得相对独立的、公开对立的两个方面在运动中的统一，因而都是间接同一性。在本章中，我们先来谈其中第一种关系：对立面的相互依存。

一、对立面相互依存的多种表述方式

在马克思主义矛盾理论中，对立面相互依存作为矛盾同一性的一种情况，由于毛泽东同志《矛盾论》的介绍和阐发，已为人们所熟悉。《矛盾论》指出，矛盾同一性（实际上指矛盾的间接同一性——笔者注）的第一种情况，就是对立面的相互依存。其基本含义是“矛盾双方互为存在的条件”，“矛盾着的各方面，不能孤立地存在。假如没有和它作对的矛盾的一方，它自己这一方就失去了存在的条件”①。矛盾双方“各以和它对立着的方面为自己存在的前提，双方共处于一个统一体中”②。《矛盾论》的这些精辟论述，是完全符合马克思恩格斯关于对立面相互依存的思想的。

马克思和恩格斯在他们的著作中，已经采用了相互依存这一范畴。

马克思在《政治经济学批判·导言》中，指出了生产和消费之间的“相互依存”③。在《雇佣劳动和资本》中，马克思指出了资本和雇佣劳动的相互依存，指出它们是“同一种关系的两个方面”。他批判那种认为资本和雇佣劳动的利益共同一致的论点，说道：“断言资本的利益和劳动的利益是一致的，事实上不过是说资本和雇佣劳动是同一种关系的两个方面罢了。一个方面制约着另一个方面，就如同高利贷者和挥霍者相互依存一样。”④马克思不承认“共同利益”意义上的“相互依存”，只承认“相互依存”意义上的“共同利益”。

恩格斯在《家庭、私有制和国家的起源》中论述了必然性和偶然性的相互依存。他写道：“偶然性只是相互依存性的一极，它的另一极叫做必然性。在似乎也是受偶然性支配的自然界中，我们早就证实在每一个领域内都有在这种偶然性中为自己开辟道路的内在的必然性和规

① 《毛泽东选集》第一卷，人民出版社1991年版，第328页。

② 《毛泽东选集》第一卷，人民出版社1991年版，第327页。

③ 马克思、恩格斯著，中共中央马克思恩格斯列宁斯大林著作编译局译：《马克思恩格斯全集》第46卷上册，人民出版社1979年版，第30页。

④ 马克思、恩格斯著，中共中央马克思恩格斯列宁斯大林著作编译局译：《马克思恩格斯全集》第6卷，人民出版社1961年版，第491页。

律性。然而适用于自然界的，也适用于社会。”[1]

但是总的说来，对立面相互依存这一表述在马克思恩格斯的著作中并不多见。在他们的著作中，根据不同的情况，不同的场合，采取了多种多样的表达方式。例如：

第一，对立面的“不可分离”。对立面相互依存，每一方依赖对方而存在和发展，此极离不开彼极，彼极离不开此极。所以对立面的不可分离，也就是对立面相互依存。

《资本论》中关于价值形态的分析是马克思对于矛盾所做的卓绝的富有代表性的分析。在这一分析的开始，就指明了矛盾（价值形态）所具有的两种基本属性，用对立面的不可分离来表达对立面的相互依存性。他写道：“相对价值形态和等价形态是互相依赖，互为条件，而不可分离的二要素，但同时又是互相排斥，互相反对的二极，即同一个价值表现的二极；它们总是分配给价值表现中相互有关的不同商品。”[2]在《资本论》德文第1版付印时，马克思又接受了恩格斯的建议，专门写了“价值形式”的附录，以帮助那些“‘不懂辩证法的’读者”[3]。在这个附录中，上述思想得到了更加鲜明的表达：

“第一节 价值表现的两极：相对价值形式和等价形式。

(a)两种形式的不可分离性。

(b)两种形式的两极性。

---

① 马克思、恩格斯著，中共中央马克思恩格斯列宁斯大林著作编译局译：《马克思恩格斯全集》第21卷，人民出版社1965年版，第199页。

② 马克思著，中共中央马克思恩格斯列宁斯大林著作编译局译：《资本论》第1卷，人民出版社1963年版，第20—21页。

③ 马克思、恩格斯著，中共中央马克思恩格斯列宁斯大林著作编译局译：《马克思恩格斯全集》第31卷，人民出版社1972年版，第311页。

(c)相对价值和等价物,两者都只是价值的形式。”①

《资本论》在对价值形式的历史和逻辑的发展的阐述中,始终抓住了这两种形式的“不可分离性”和“两极性”。当分析到“一般价值形态”时,马克思又专门加了一个注,再次着重阐述了两极的不可分离性:“人们事实上并没有就一般直接交换可能性的形态看出,这是商品形态的一个对极,像一磁极的阳性和另一磁极的阴性不能分离一样,不能和直接交换不可能性的形态分离。”②“一般直接交换可能性的形态”即一般等价形态,“直接交换不可能性的形态”即一般价值形态,这两种形态的不能分离,就如同磁性两极不能分离一样。

恩格斯也经常采用对立面不可分离来表达对立面相互依存的思想。在《自然辩证法》中,恩格斯指出:“吸引和排斥象正和负一样是不可分离的。”③他在各门具体科学中一再指出了这种不可分离性。例如:“整个有机界在不断地证明形式和内容的同一或不可分离。”④值得注意的是,这里恩格斯是把“不可分离”和“同一”作为不同的表述方式来处理的。

第二,对立面的“互相补充”。由于一极只是相对于它的对极才有意义,离开对极就没有意义,矛盾对立的双方没有一方就没有另一方,

---

① 马克思、恩格斯著,中共中央马克思恩格斯列宁斯大林著作编译局译:《马克思恩格斯全集》第31卷,人民出版社1972年版,第320页。

② 马克思著,中共中央马克思恩格斯列宁斯大林著作编译局译:《资本论》第1卷,人民出版社1963年版,第43页。

③ 马克思、恩格斯著,中共中央马克思恩格斯列宁斯大林著作编译局译:《马克思恩格斯全集》第20卷,人民出版社1971年版,第586页。

④ 马克思、恩格斯著,中共中央马克思恩格斯列宁斯大林著作编译局译:《马克思恩格斯全集》第20卷,人民出版社1971年版,第650页。

由此也必然得出另一结论：有一极的存在必定有它的对极的存在，对极对于此极来说，是必不可少的补充。在马克思和恩格斯那里，对立面相互依存、不可分离，又常常采用了两极相互补充的表述方式。

如上述数学中的正和负的不可分离关系，恩格斯就指出了它们的相互补充的性质。他还强调在解析几何中“正只是作为负的补充而存在，反之亦然”[①]。一极“只是作为”对极的补充而存在，这一思想是很启发人的。它告诉我们，在两极相互补充中所讲的“补充”，绝不是通常意义上的增添点什么，决不是无关全局的某种补足，而是指整个对极对于此极来说是必不可少的，如果没有这个补充，此极就会什么也不是。

在整个宇宙中，在各种具体运动形式如电、磁等中，吸引和排斥也是互相补偿的。凡是有吸引的地方，都必定为排斥所补充。恩格斯深刻指出，这种互相补偿“事实上是从两极之分的性质本身必然产生的。作用不完全互相补偿的两极决不是两极，到现在为止也还没有在自然界中看到过这样的两极”[②]。这里，恩格斯阐述了一个十分重要的问题即产生两极相互补充的根源。这个根源不是别的，正是“两极之分的性质”。这也正好印证了我们在前面（第一章）所说的，矛盾的同一性只能从矛盾中，从矛盾的对立性中，得到自己的根据和规定。

在思维中，在逻辑中，两极也是相互补充的。对立的逻辑范畴如“同一”和“差异”，就是互相补充的：“与自身的同一，从一开始起就必须

---

① 马克思、恩格斯著，中共中央马克思恩格斯列宁斯大林著作编译局译：《马克思恩格斯全集》第 20 卷，人民出版社 1971 年版，第 607 页。

② 马克思、恩格斯著，中共中央马克思恩格斯列宁斯大林著作编译局译：《马克思恩格斯全集》第 20 卷，人民出版社 1971 年版，第 415 页。

有与一切别的东西的差异作为补充，这是不言而喻的。”①对立的逻辑思维方法如“归纳”和“演绎”，也是互相补充的，恩格斯提醒人们要“注意它们的相互联系、它们的相互补充”②。

马克思在经济学领域中阐述了对立面的互相补充。例如，他指出：“商品的交换过程，是在两个互相反对又互相补足的形态变化——由商品转化为货币，再由货币转化为商品——中完成的。”③矛盾的两极W—G和G—W明显地相反对，但任何一极如果没有对极作为补充，就不能实现商品交换。商品所有者的卖是为买而卖，他必须有买的阶段，卖才有意义；商品所有者的买又必须先卖，否则买就无从谈起。

又如，马克思在评美国经济学家凯里的文章中指出：“英国的集中的资本所具有的吸引力”，“不可避免地得到那种重新把英国的集中的资本驱赶到世界各个角落的离心力作为补充”④。他还指出，在资本主义条件下，机器生产一方面达到最疯狂的生产虚假繁荣，从而使在其他情况下绝不会产生的成千上万的人有可能出现，同时又无情地借助蒸汽机使大批大批的人过早死亡。“一种东西只是另一种东西的补充。”⑤

---

① 马克思、恩格斯著，中共中央马克思恩格斯列宁斯大林著作编译局译：《马克思恩格斯全集》第20卷，人民出版社1971年版，第557页。

② 马克思、恩格斯著，中共中央马克思恩格斯列宁斯大林著作编译局译：《马克思恩格斯全集》第20卷，人民出版社1971年版，第571页。

③ 马克思著，中共中央马克思恩格斯列宁斯大林著作编译局译：《资本论》第1卷，人民出版社1975年版，第84页。

④ 马克思、恩格斯著，中共中央马克思恩格斯列宁斯大林著作编译局译：《马克思恩格斯全集》第44卷，人民出版社1982年版，第202—203页。

⑤ 马克思、恩格斯著，中共中央马克思恩格斯列宁斯大林著作编译局译：《马克思恩格斯全集》第44卷，人民出版社1982年版，第203页。

再如，马克思在《资本论》第3卷中指出，工业劳动原来是和农业劳动“自然结合在一起”的，而当工业劳动与农业劳动分离，取得独立形式后，这部分“纯粹工业劳动”，就成为“纯粹农业劳动”的“一种必要的互相补充的东西”[①]了。

第三，对立面“互为前提”“互为条件”。

马克思多次指出雇佣劳动和资本之间互为前提、互为条件的依存关系。“劳动作为资本的对立物，作为与资本对立的存在，被资本当作前提，另一方面，劳动又以资本为前提。”[②]恩格斯也阐述了同样的思想：“无产阶级的存在是由资产阶级生产关系所造成的而同时又是这些生产关系继续存在的条件。”[③]

资本与资本之间，也是相互对立和互为前提条件的。“不同生产部门的资本都是互为前提和互为条件的。”[④]对一个资本家来说是原料的东西，是另一个资本家的产品；对一个资本家来说是产品的东西，是另一个资本家的原料。一个资本家的工具是另一个资本家的产品，甚至可能是用来生产另一种工具的原料。

在资本条件下，社会生产力的发展被双重地表现着，一方面是生产资本积累绝对量的增加，另一方面是投在工资上面的资本同总资本相

---

① 马克思著，中共中央马克思恩格斯列宁斯大林著作编译局译：《资本论》第3卷，人民出版社1075年版，第743页。

② 马克思、恩格斯著，中共中央马克思恩格斯列宁斯大林著作编译局译：《马克思恩格斯全集》第46卷上册，人民出版社1979年版，第253页。

③ 马克思、恩格斯著，中共中央马克思恩格斯列宁斯大林著作编译局译：《马克思恩格斯全集》第18卷，人民出版社1964年版，第263页。

④ 马克思、恩格斯著，中共中央马克思恩格斯列宁斯大林著作编译局译：《马克思恩格斯全集》第46卷下册，人民出版社1980年版，第7页。

比相对地变小。马克思指出:“这两个运动不仅携手并进,而且互为条件,是同一个规律借以表现自己的两种现象。”[①]

恩格斯在批判1891年社会民主党纲领草案时谈到了德国国家制度的改造问题,他尖锐揭露出当时德国正受到小邦分立状态和普鲁士主义的钳制,而且进一步指出,“这两个方面中的一方始终必然是另一方的托辞和存在的理由”[②]。这也就是说,一方的存在是以另一方的存在为前提和条件的。

恩格斯在《流亡者文献》中提出“波兰的独立和俄国的革命是互为条件的”[③]。压迫其他民族的民族是不能获得解放的,它用来压迫其他民族的力量,最后总要反过来反对它自己。压迫民族的存在与被压迫民族的存在互为条件,压迫民族的解放与被压迫民族的解放也互为条件,这一重要思想,马克思和恩格斯多次做了论述,并且直接用以观察和指导无产阶级的革命实践。

马克思在研究资本时,区别了两种前提和条件,这对于我们认识对立面互为前提、互为条件很有帮助,值得我们注意。马克思说:“资本生成,产生的条件和前提恰好预示着,资本还不存在,而只是正在生成;因此,这些条件和前提在现实的资本存在时就消失了,在资本本身从自己

① 马克思著,中共中央马克思恩格斯列宁斯大林著作编译局译:《资本论》第3卷,人民出版社1975年版,第269页。

② 马克思、恩格斯著,中共中央马克思恩格斯列宁斯大林著作编译局译:《马克思恩格斯全集》第22卷,人民出版社1965年版,第275页。

③ 马克思、恩格斯著,中共中央马克思恩格斯列宁斯大林著作编译局译:《马克思恩格斯全集》第18卷,人民出版社1964年版,第578页。

的现实性出发而创造出自己的实现条件时就消失了。”①

一种是作为资本生成的前提和条件，它还不是从资本作为资本的活动中产生的。“当资本第一次出现时，它的前提条件本身好象是从外部由流通中来的，对资本的形成来说表现为外在的前提条件，因而不是由资本的内在本质产生的，也不能用资本的内在本质加以解释。”②

另一种前提和条件，作为资本的前提和条件，则是资本本身运动的要素，它们是资本自身实现的结果，是由资本造成的现实的结果，它们不是资本产生的条件，而是资本存在的产物。这里，资本“本身就是前提，它从它自身出发，自己创造出保存和增殖自己的前提”③。“凡在过程开始时不是作为过程的前提和条件出现的东西，在过程结束时也不可能出现。但是另一方面，一切作为前提和条件的东西，在过程结束时则必然会出现。”④

作为对立面相互依存所讲的互为前提和条件，是指这后一种前提和条件。它们不是由外部准备的，而是自己内部造成的，即由对立面相互提供的。它们不是存在于矛盾出现之前，而是矛盾自身在运动中不断产生并伴随着矛盾发展的全过程。

在马克思恩格斯著作中，关于对立面相互依存的思想，除了“不可

---

① 马克思、恩格斯著，中共中央马克思恩格斯列宁斯大林著作编译局译：《马克思恩格斯全集》第 46 卷上册，人民出版社 1979 年版，第 456—457 页。

② 马克思、恩格斯著，中共中央马克思恩格斯列宁斯大林著作编译局译：《马克思恩格斯全集》第 46 卷上册，人民出版社 1979 年版，第 446 页。

③ 马克思、恩格斯著，中共中央马克思恩格斯列宁斯大林著作编译局译：《马克思恩格斯全集》第 46 卷上册，人民出版社 1979 年版，第 457 页。

④ 马克思、恩格斯著，中共中央马克思恩格斯列宁斯大林著作编译局译：《马克思恩格斯全集》第 46 卷上册，人民出版社 1979 年版，第 262 页。

分离""互相补充""互为前提""互为条件"外,还有其他一些表述方式,这里不一一列举了。

从上面的介绍,我们可以看到:第一,马克思恩格斯对于对立面相互依存问题是极其重视的,他们这方面的思想十分丰富,论述是大量的。第二,他们在表述上采取了多种方式,直接使用"对立面相互依存"的时候不是很多。然而,考虑到"相互依存"在我们今天已成为表述矛盾同一性的最基本范畴之一,为大家所熟悉和习惯,所以可以把它作为间接同一性的第一方面的总表述。

对立面是相互依存的。那么,它们是怎样相互依存,采取怎样的方式相互依存的呢?马克思没有停留在指出相互依存的存在这样的一般论述上,而是进一步揭示不同的依存方式,这就是他所概括的对立面相互媒介和相互创造。不懂得相互媒介和相互创造,就不可能深入认识对立面的相互依存。对对立面相互依存的具体化,是马克思在间接同一性问题上的一大贡献。应该说,我们目前对相互依存的认识,恰恰忽视了这一点。

下面,就来分别介绍对立面相互依存中相互媒介和相互创造这两种具体方式。

二、对立面的相互媒介

先介绍马克思关于对立面相互媒介论述的几个典型例子。

第一,生产和消费的相互媒介。

马克思在《政治经济学批判·导言》中,明确提出对立面相互媒介是矛盾同一性的表现之一。他讲到生产和消费的同一性的第二项表现，就是“每一方表现为对方的手段；以对方为媒介”①。

生产和消费互为手段、相互媒介，具体地说，是指“生产为消费创造作为外在对象的材料；消费为生产创造作为内在对象、作为目的的需要”②。生产的产品，成为消费的外在对象；消费提出的需要，成了生产的内在对象。总之，“每一方都为对方提供对象”③。正是由于所提供的对象，使对方能够以此为媒介存在和发展下去。每一方既为对方提供媒介，又需要对方作为自己的媒介，这就是对立面的相互媒介。

“互相提供对象”，在生产和消费关系上是表现得十分感性的、具体的。生产为消费提供对象，那就是产品，消费品；消费为生产提供对象，那就是需要，对产品的需求。然而，“互相提供对象”，也可以在广泛的意义上作为一切矛盾的对立面互为媒介的特征。马克思在《1844 年经济学哲学手稿》中就指出：“一个存在物如果在自身之外没有对象，就不是对象性的存在物。”“非对象性的存在物是非存在物。”④“非对象性的存在物，是一种非现实的、非感性的、只是思想上的即只是虚构出来的存在物，是抽象的东西。”⑤可以用马克思所举的“太阳和植物”互为对象的实例，来理解这段过于哲理化的难懂的文字。马克思说：“太阳是

① 马克思、恩格斯著，中共中央马克思恩格斯列宁斯大林著作编译局译：《马克思恩格斯全集》第 46 卷上册，人民出版社 1979 年版，第 30 页。

② 马克思、恩格斯著，中共中央马克思恩格斯列宁斯大林著作编译局译：《马克思恩格斯全集》第 46 卷上册，人民出版社 1979 年版，第 30 页。

③ 马克思、恩格斯著，中共中央马克思恩格斯列宁斯大林著作编译局译：《马克思恩格斯全集》第 46 卷上册，人民出版社 1979 年版，第 30 页。

④ 马克思、恩格斯著，中共中央马克思恩格斯列宁斯大林著作编译局译：《马克思恩格斯全集》第 42 卷，人民出版社 1979 年版，第 168 页。

⑤ 马克思、恩格斯著，中共中央马克思恩格斯列宁斯大林著作编译局译：《马克思恩格斯全集》第 42 卷，人民出版社 1979 年版，第 169 页。

植物的对象,是植物所不可缺少的、确证它的生命的对象,正象植物是太阳的对象,是太阳的唤醒生命的力量的表现,是太阳的对象性的本质力量的表现一样。”①如果没有太阳,植物就不可能存在,不可能出现,就是“非存在物”。没有植物,太阳也存在着,但要是没有植物等所有太阳外的存在物,太阳成为“非对象性的存在物”,那么,太阳的“本质力量”就无从体现,你说太阳具有“唤醒生命的力量”,也只能是非现实的、虚构的、抽象的东西。

第二,社会内部生产和流通互为媒介。

马克思在《经济学手稿(1861—1863 年)》中写道:“在社会内部,不同生产部门互相联系在一起,这些部门只不过是产品必须经历的生产的各个阶段,产品只有通过这些阶段才能获得它的最终形式,即它的最后形式,产品的使用价值在这种形式上得到最终完成;这些生产阶段,例如有种植亚麻、纺麻纱、织麻布,它们以商品流通为中介,因此这些部门最终就为生产一种产品而协作。亚麻对纺纱工人来说是商品,棉纱对织布工人来说是商品。在这里,商品的买和卖是以内在地——作为内在的必然性——存在于这些互相独立经营的生产部门之间的联系为中介的。”②这里,商品的生产要以商品流通为中介,商品的流通又以商品生产为中介,说得很清楚。

第三,使用价值和交换价值互为媒介。

马克思指出,在商品和货币的关系建立之后,“现在应当肯定:使用

① 马克思、恩格斯著,中共中央马克思恩格斯列宁斯大林著作编译局译:《马克思恩格斯全集》第 42 卷,人民出版社 1979 年版,第 168 页。

② 马克思、恩格斯著,中共中央马克思恩格斯列宁斯大林著作编译局译:《马克思恩格斯全集》第 47 卷,人民出版社 1979 年版,第 350 页。

价值通过交换价值而成为使用价值,交换价值以使用价值作为自己的媒介”[①]。《资本论》对此做了具体说明:所谓交换价值以使用价值作为自己的媒介,也就是说当商品 A 和商品 B 发生关系时,商品 B 的使用价值“成了反映商品 A 的价值的镜子”[②],商品 A 把商品 B 的使用价值当作它自己的价值表现的材料。关于这一点,马克思还巧妙地拿人做了个比方:“在某种意义上,人是和商品一样。因为,人到世间来没有携带镜子,也不像费希特派的哲学家一样,说‘我是我’,所以人首先是把自己反映在别一个人身上。一个名叫彼得的人所以会把自己当作一个人来看,只是因为他把那个名叫保罗的人看作自己的同种。因此,对彼得说来,有皮肤毛发的保罗,就用保罗的这个身体,变成人这个物种的现象形态了。”[③]“彼得”和“保罗”互为媒介,彼得在保罗的身上看到了自己,或者说是通过认识保罗而认识自己。没有任何中介,只是“我是我”,等于什么也没说。

第四,商品所有者的互为手段。

在生产和消费关系上,互为媒介又可称为互为手段,马克思用了“表现为对方的手段”的提法。互为手段,在商品交换关系中,在商品所有者的关系中,赤裸裸地表现出来了。

在商品市场上,商品所有者和商品所有者互相对立。互相对立的商品所有者,“每个人为另一个人服务,目的是为自己服务;每一个人都

---

① 马克思、恩格斯著,中共中央马克思恩格斯列宁斯大林著作编译局译:《马克思恩格斯全集》第 46 卷上册,人民出版社 1979 年版,第 225 页。

② 马克思著,中共中央马克思恩格斯列宁斯大林著作编译局译:《资本论》第 1 卷,人民出版社 1975 年版,第 67 页。

③ 马克思著,中共中央马克思恩格斯列宁斯大林著作编译局译:《资本论》第 1 卷,人民出版社 1975 年版,第 67 页。

把另一个人当作自己的手段互相利用。这两种情况在两个个人的意识中是这样出现的:(1)每个人只有作为另一个人的手段才能达到自己的目的;(2)每个人只有作为自我目的(自为的存在)才能成为另一个人的手段(为他的存在);(3)每个人是手段同时又是目的,而且只有成为手段才能达到自己的目的,只有把自己当作自我目的才能成为手段,也就是说,这个人只有为自己而存在才把自己变成为那个人而存在,而那个人只有为自己而存在才把自己变成为这个人而存在"[①]。马克思这里讲的是私有制下的人与人关系、商品所有者关系。但其中"互为手段"则具有普遍意义。在公有制条件下,社会主义新人必须也只能通过"为人民服务"这样的思想和实践表现出来,在这个意义上也是以对方为手段才能实现自己,也是一种"互为手段",虽然它和私有制下的"互为手段"已经有了根本性质上的不同。

从以上的实例和论述看,马克思所说对立面相互媒介的基本含义是什么呢?

第一,一方作为对方的媒介,是指为对方提供对象。所谓对象,包括了表现材料和实现手段两个方面。植物以太阳为实现手段,正是有了太阳这一不可缺少的条件,给了植物以生命,才使植物成为植物。同时,植物又成了表现太阳本质力量的材料,证实了太阳具备这一力量。使用价值以交换价值为实现手段,只有通过交换价值,使用价值才能成为使用价值,才能进入使用。同时,使用价值又成为交换价值的表现材料,没有这面"价值镜子",交换价值就不能显现自己。

① 马克思、恩格斯著,中共中央马克思恩格斯列宁斯大林著作编译局译:《马克思恩格斯全集》第46卷上册,人民出版社1979年版,第196页。

第二，每一方必须通过对方的媒介，才能显现自己，证明自己，实现自己，取得自己的存在和发展。商品生产要以商品流通为条件、为媒介，一旦流通中止，生产各环节的联系中断，生产的进行和持续便发生困难。商品流通之所以存在和发展，又是由于生产的内在必然性，以生产各部门的内在联系为前提。生产和消费的关系也一样。离开了产品，没有消费对象，就没有消费本身；离开了产品的数量及品种的增加和质量的改进，就没有消费水平的提高。反之，离开了消费对于一定产品的需要和要求，生产也无从进行，生产发展的根本动因就在于消费需求的变化。总之，任何一方的存在和发展，都有求于它的对方，都要以对方为媒介。

这里，需要说明一点。所谓对立面相互媒介，是指每一方要以对方为媒介，媒介的两端同是一方。媒介物为彼极，媒介的两端同是此极；或者媒介物为此极，媒介的两端同是彼极。不要把这种对立面相互媒介与对立两极之间有媒介相混同。后者是讲一极通过媒介物与另一极发生联系，我们在下一章将专门谈到这种情况。

第三，媒介的活动是相互的和不断进行的。对立面相互媒介，本身已经指明了媒介的相互性，此极要以彼极为媒介，彼极又要以此极为媒介。不仅如此，还应该看到，每一项媒介活动，其作用也是两方面的，是相互的。一方为对方提供对象，它对于对方的实现，对于对方的存在和发展，起了不可或缺的作用，因此对方不能离开此方。同时，每一方只有这样做了，只有为对方提供了对象，或者说只有通过对方，才能使自己成为对象性的存在。所以每一媒介活动，对于被媒介者和媒介者，都具有重要的作用和意义。

对立面的相互媒介，并不是一次性的活动和作用，而是伴随着矛盾运动的全过程不断进行的。矛盾的每一方为对方提供对象,使对方得以存在和发展,得以存在和发展的对方,又为此方的存在和继续发展提供新的对象,成为新的媒介。进一步发展了的此方,再进一步为对方提供更新的对象。在矛盾双方如此不断的媒介运动中,整个矛盾充满了生气和活力。

把握住以上三点,我们对对立面相互媒介就有了基本的准确的了解,可以明确认识对立面相互媒介这种间接同一性,也就是对立面相互依存的一种具体表现。也正因为这样,马克思在讲生产和消费同一性的第二项是"每一方表现为对方的手段,以对方为媒介"之后,紧接着指出,"这表现为它们的相互依存"①。

三、对立面的相互创造

对立面的相互创造,或称对立面的相互产生,是矛盾中两个对立面相互依存的又一具体方式。在马克思的著作中,尤其是他的经济学著作中,曾结合各种具体的矛盾问题做了精辟的阐述。

生产和消费的相互创造。

第一,在《政治经济学批判·导言》中,马克思所指出的生产和消费之间的同一性的第三方面,就是"两者的每一方由于自己的实现才创造对方,把自己当作对方创造出来"②。那么,生产和消费的相互创造究竟指什么呢?

① 马克思、恩格斯著,中共中央马克思恩格斯列宁斯大林著作编译局译:《马克思恩格斯全集》第46卷上册,人民出版社1979年版,第30页。

② 马克思、恩格斯著,中共中央马克思恩格斯列宁斯大林著作编译局译:《马克思恩格斯全集》第46卷上册,人民出版社1979年版,第30页。

按马克思的解释，生产创造消费包含如下两方面的意思。一方面是指“生产创造出消费的一定方式”[①]。消费的对象都不会是一般的对象，总是一定的对象，必须用一定的方式来消费。这一定的方式是由生产决定的，生产在生产出消费对象的同时，规定了消费这种消费对象的一定的消费方式。另一方面，“生产把消费的动力、消费能力本身当作需要创造出来”[②]。不仅消费的对象和消费的方式是一定的、历史的，而且消费的需要即消费的动力、消费能力也是一定的、历史的。它也是由生产所创造，靠对象做媒介的。正是“生产”生产出来的消费对象，引起对“对象”的需要，形成消费的动力和能力。艺术对象创造出有艺术情感和审美能力的群众，任何其他生产物也是这样。

消费创造生产，也有两方面的意思。一方面，在消费中生产物才成为现实的生产物，消费是生产物成为生产物的最后行为。因为生产物不同于单纯的自然对象，它只有通过消费才证实自己是生产物。一件衣服由于穿的行为才现实地成为衣服；一条铁路如果没有通车不被磨损，只是可能性上的铁路，还不是现实的铁路。另一方面，消费不仅是使生产物成为生产物的最后行为，而且也是使生产者成为生产者的最后行为。消费，在生产者身上引起了追求一定目的的需要，从而生产出生产者的素质，并且通过反复进行的需要，这种在最初生产行为中发展起来的素质才逐渐达到完美的程度。

① 马克思、恩格斯著，中共中央马克思恩格斯列宁斯大林著作编译局译：《马克思恩格斯全集》第46卷上册，人民出版社1979年版，第31页。

② 马克思、恩格斯著，中共中央马克思恩格斯列宁斯大林著作编译局译：《马克思恩格斯全集》第46卷上册，人民出版社1979年版，第31页。

第二,劳动和资本的相互创造。

马克思关于劳动和资本相互创造的思想,在《神圣家族》中就已有透露。而最早鲜明地提出这一命题,则是在《1844 年经济学哲学手稿》中。在那里,马克思写道:"工人生产资本,资本生产工人。"他侧重分析了资本对工人的生产,指出"作为工人,他只具有对他是异己的资本所需要的那些人的特性","资本的存在就是他的存在、他的生活,正象资本的存在以一种对他漠不关心的方式来规定他的生活的内容一样"[①]。在《雇佣劳动和资本》中,马克思也指出了雇佣劳动和资本"两者相互产生"[②]。这个思想,在《政治经济学批判》(1857—1858 年草稿)中得到了充分的阐发。马克思这样写道:

"生产过程和价值增殖过程的结果,首先是资本和劳动的关系本身的,资本家和工人的关系本身的再生产和新生产。这种社会关系,生产关系,实际上是这个过程的比其物质结果更为重要的结果。这就是说,在这个过程中工人把他本身作为劳动能力生产出来,也生产出同他相对立的资本,同样另一方面,资本家把他本身作为资本生产出来,也生产出同他相对立的活劳动能力。每一方都由于再生产对方,再生产自己的否定而再生产自己本身。资本家生产的劳动是他人的劳动;劳动生产的产品是他人的产品。资本家生产工人,而工人生产资本家,等等。"[③]

① 马克思、恩格斯著,中共中央马克思恩格斯列宁斯大林著作编译局译:《马克思恩格斯全集》第 42 卷,人民出版社 1979 年版,第 104—105 页。

② 马克思、恩格斯著,中共中央马克思恩格斯列宁斯大林著作编译局译:《马克思恩格斯全集》第 6 卷,人民出版社 1961 年版,第 490 页。

③ 马克思、恩格斯著,中共中央马克思恩格斯列宁斯大林著作编译局译:《马克思恩格斯全集》第 46 卷上册,人民出版社 1979 年版,第 455—456 页。

这样的思想，在《资本论》关于资本主义生产关系的生产和再生产的论述中得到了再次阐述和最后的确定。这已众所周知，在此就不再赘引了。

第三，社会内部分工和资本主义工厂内部分工的相互创造。

社会内部的分工，社会劳动分成不同的劳动部门，是为多种社会形态所共有的。而工厂内部分工，按照马克思的说法，则“完全是资本主义生产方式所特有的一种创造”①。尽管这两类分工有着本质的区别，然而它们却是相互产生的。马克思指出：“以偶然的形式表现出来的社会内部的分工的发展和工厂内部的资本主义分工这两者是互相制约的和互相形成的。”②“社会内部的自由的、似乎是偶然的、不能控制的和听凭商品生产者的任意行动的分工同工厂内部的系统的、有计划的、有规则的、在资本的指挥下进行的分工是一致的，而且这两种分工是齐头并进地向前发展的，通过相互作用而相互产生。”③

一方面，社会内部分工的发展，产生和发展着工厂内部的分工。工厂内部分工，“规定社会内部的分工要已经有相当程度的发展”④。只有当社会分工已经达到了相当高的发展水平，各个生产领域已互相分离，而且这些领域内部又分成许多独立的小部分时，工厂内部的分工才

① 马克思著，中共中央马克思恩格斯列宁斯大林著作编译局译：《资本论》第1卷，人民出版社1975年版，第382页。

② 马克思、恩格斯著，中共中央马克思恩格斯列宁斯大林著作编译局译：《马克思恩格斯全集》第47卷，人民出版社1979年版，第353页。

③ 马克思、恩格斯著，中共中央马克思恩格斯列宁斯大林著作编译局译：《马克思恩格斯全集》第47卷，人民出版社1979年版，第356—357页。

④ 马克思著，中共中央马克思恩格斯列宁斯大林著作编译局译：《资本论》第1卷，人民出版社1975年版，第375页。

可能并必然地出现。并且随着社会分工的进一步发展,工厂内部分工相应地得到进一步的发展。

另一方面,“工厂内部的有规则的分工,会直接扩大社会内部的自由分工”①。这是因为一旦劳动人口不再作为个体商品生产者进入市场,劳动力成为商品,生产就会在整个范围内,在全部广度和深度上成为商品生产,而普遍商品生产要求社会全面的分工。工厂内部分工缩短了生产某种使用价值所需要的劳动,因而为新的劳动部门腾出了劳动,并使再生产和增加劳动能力所需要的生产资料变得便宜。工厂分工通过它的分解过程把一个专业划分为若干部分,结果是同一个使用价值的各个组成部分现在可以被当作彼此互相独立的不同商品来生产。又由于剩余价值总是力图在多种多样的使用价值中实现自己,这就大大发展了社会生产的劳动方式。

第四,竞争和垄断的相互创造。

竞争和垄断的矛盾,并不是到了帝国主义时代才发生的。竞争和垄断这两个方面,都是根源于私有制,是有商品生产和商品交换以来就有的两种现象。竞争和垄断也是相互产生的。这个问题,恩格斯在《政治经济学批判大纲》中就已经指出。马克思在批判蒲鲁东时,做了进一步展开。

1846 年 12 月 28 日,马克思在致安年科夫的信中指出:“在现代经济生活中,不仅可以看到竞争和垄断,而且可以看到它们的综合,这个综合不是公式,而是运动。垄断产生竞争,竞争产生垄断。”针对蒲鲁东

① 马克思、恩格斯著,中共中央马克思恩格斯列宁斯大林著作编译局译:《马克思恩格斯全集》第 47 卷,人民出版社 1979 年版,第 354 页。

企图以“消除坏的方面”来综合的谬论，马克思又指出：“但是，这个方程式远不象资产阶级经济学家所想象的那样能消除现代状况的困难，反而会造成更困难和更混乱的状况。因此，如果改变现代经济关系赖以存在的基础，消灭现代的生产方式，那就不仅会消灭竞争、垄断以及它们的对抗，而且还会消灭它们的统一、它们的综合，亦即消灭使竞争和垄断达到真正平衡的运动。”①

不久，马克思在其名著《哲学的贫困》中又一次指出：“在实际生活中，我们不仅可以找到竞争、垄断和它们的对抗，而且可以找到它们的合题，这个合题并不是公式，而是运动。垄断产生着竞争，竞争产生着垄断。垄断资本家彼此竞争着，竞争者逐渐变成垄断资本家。如果垄断资本家用局部的联合来限制彼此间的竞争，工人之间的竞争就要加剧；对某个国家的垄断资本家来说，无产者群众愈增加，各国垄断资本家间的竞争就愈疯狂。合题就是：垄断只有不断投入竞争的斗争才能维持自己。”②

以上是马克思关于对立面相互创造的论述中最主要最精彩的部分。那么，在马克思看来，到底什么是对立面的相互创造呢？

第一，对立面的相互创造，是一方对与其对立的另一方本身的创造。

所谓对对方本身的创造，具体地说有两种情况。其一，是指对于对方本身的规定。生产和消费的相互创造，每一方都是通过自身的实现，

① 马克思、恩格斯著，中共中央马克思恩格斯列宁斯大林著作编译局译：《马克思恩格斯全集》第27卷，人民出版社1972年版，第483页。

② 马克思、恩格斯著，中共中央马克思恩格斯列宁斯大林著作编译局译：《马克思恩格斯全集》第4卷，人民出版社1958年版，第178—179页。

对它的对方做出了相应的规定。这种对于对立方面的规定，是由实现了的自身表现出来的，用马克思的话来说，是把自己“当作对方”创造出来。所以，它还不是对方产生的直接现实，还只是对方的本质和成熟程度等规定的产生。衣服的生产规定了衣服的消费方式，这就是生产对消费的创造，而不是指生产直接地创造了一个穿衣的行为。同样，劳动和资本的相互创造，首先也是对于对方本身的规定，资本的存在规定了工人的特性，规定了他们生活的特有内容。

其二，是指对于对方本身的现实创造。劳动和资本的相互创造，不止于它们的相互规定，也就是说，不仅是每一方做出对方的规定，而且是每一方把对方现实地创造出来。通过资本主义生产过程，资本在这一过程的终点上生产出和起点时性质相同的雇佣劳动力，劳动则在这一过程的终点上生产出和起点时性质相同的资本。劳动和资本的相互创造，是劳动和资本关系的“再生产和新生产”。

第二，在对立面相互创造中，每一方的自身实现和创造对方是互为因果同时完成的。

马克思说：“每一方由于自己的实现才创造对方，把自己当作对方创造出来。”[①]这就是说实现自身和创造对方这两者有因果联系。那么，是否只是实现自身为因，创造对方为果呢？在回答这个问题的时候，我们不能不注意马克思在论述实现劳动和资本相互创造时所做的另一概括：“每一方都由于再生产对方，再生产自己的否定而再生产自

---

① 马克思、恩格斯著，中共中央马克思恩格斯列宁斯大林著作编译局译：《马克思恩格斯全集》第46卷上册，人民出版社1979年版，第30页。

己本身。”[①]简单地说就是由于创造对方才实现自己。这和前一概括似乎正好相反,实则不然,这两个概括并不互相否定,而是互相补充,在实质上完全一致。就劳动对资本的创造来说,劳动的存在是资本的先决条件,现实的、与劳动条件相结合的生产劳动,只有在它自己被资本购买作为一种资本存在时才能存在,所以当它自己实现时也就创造了资本,把自己当作对方创造出来。劳动只有使资本成为现实的资本,才能使自己成为现实的劳动,也才能再生产出一无所有的即与劳动条件分离的劳动力,这又是由于创造对方而生产自己。就资本对劳动的创造来说,资本的存在是劳动的先决条件,现实的、离开了货币形态的功能资本,是指购买生产资料和劳动力的行为业已实现、生产过程得以进行的资本。可见,当功能资本自己得到实现时,必然使劳动力成为现实的劳动力,即由于自己的实现才创造对方。从资本只有使劳动力成为现实劳动力才能进行剩余价值生产,才能成为功能资本来看,又是由于生产出自己的对立面才实现自己。所以,出现在马克思同一时期同一著作中的两种概括,十分有助于我们对对立面相互创造的确切理解,即相互创造的两个方面是互为因果的,而不能片面地以为自身实现只是因不是果,创造对方只是果不是因。

第三,对立面的相互创造,是对立面不断相互作用的运动过程。

马克思在分析资本主义工厂内部分工和社会内部分工这两类分工的相互创造时,指出它们是“通过相互作用而相互产生”的。相互产生是相互作用的表现和结果。社会内部分工在自身的实现和发展的同

① 马克思、恩格斯著,中共中央马克思恩格斯列宁斯大林著作编译局译:《马克思恩格斯全集》第46卷上册,人民出版社1979年版,第455—456页。

时，作用于工厂内部的分工，产生和发展了工厂内部的分工。工厂内部的分工在自身的实现和发展的同时，又“必然会发生反作用”①，发展社会内部的分工。两类分工中每一方都为对方的发展提出了新的要求，开辟了新的领域，创造了新的方式。所以，此方在实现自身时创造彼方，彼方也在实现自身时创造此方。此方和彼方的作用是相互的，而不是单向的。

和对立面相互媒介的情况一样，在对立面的相互创造中，矛盾双方的作用也不是一次性的行动，而是表现为不断的、生生不息的运动过程。这是不难理解的。因为任何现实中的矛盾都是不断运动中的矛盾，矛盾的每一方都需要不断地实现自己，因而也不断地创造对方，每一方都经过不断地创造对方而不断地实现自己。关于这一点，马克思在很多地方都有论述，例如他指出，垄断产生着竞争，竞争产生着垄断，垄断和竞争的“合题”“不是公式，而是运动”，“合题就是：垄断只有不断投入竞争的斗争才能维持自己”②。

总之，所谓对立面的相互创造，是指矛盾中的对立双方通过不断的相互作用，每一方由于实现自身而创造对方，做出关于对方的规定或现实地产生对方本身。

对立面的相互创造，是矛盾内部的相互依存关系的一种情况、一种表现、一种意义。有的同志认为相互依存就是相互媒介，相互媒介就是相互依存，两者等同，从而把相互创造排斥于相互依存之外，这种看法

---

① 马克思、恩格斯著，中共中央马克思恩格斯列宁斯大林著作编译局译：《马克思恩格斯全集》第 47 卷，人民出版社 1979 年版，第 305 页。

② 马克思、恩格斯著，中共中央马克思恩格斯列宁斯大林著作编译局译：《马克思恩格斯全集》第 4 卷，人民出版社 1958 年版，第 179 页。

是不妥当的。

对立面的互为手段、互相媒介，固然是对立面相互依存的重要表现，但它并不是相互依存唯一的表现。除了互为手段、互相媒介，即互相提供对象外，还有着相互创造这样的依存关系。相互创造以自己特有的方式和角度来表现相互依存，它揭示了对立面的每一方所具有的规定性，每一方的现实的产生，要取决于它的对方，为它的对方所创造。并且，在矛盾的不断运动中，它的规定性和现实产生，要不断地取决于它的对方，不断地由对方所创造。对立面间的这种相互依存关系，是不能为相互媒介所包括的。只有把相互创造纳入相互依存中，把相互创造和相互媒介结合起来，才能较完全地说明对立面互为前提和条件，才能较完全地反映对立面相互依存的全面关系。

还应指出一点。在相互媒介中表现出的相互依存，说的是每一方的存在和发展离不开由对方所提供的条件。这些条件决定了它能够怎样和不能够怎样。雇佣劳动需要资本提供劳动条件才能进行生产活动，资本需要雇佣劳动的存在才能发挥资本功能。而且，劳动和资本各自可能达到什么样的程度，要看对方提供的这些必要条件达到什么样的程度。在这里，一方对于另一方的作用，仍在于提供对方存在和发展所需要的条件，还不是对对方本身的直接规定。对方对这方的依赖，仍表现在自己存在和发展的“外在”条件要取决于这方，还不是对方本身要取决于这方，每一方自己是作为既存的东西，以“独立自立”的身份出现的。而说到相互创造则不同了。由相互创造所表现的相互依存，每一方的“独立自主”身份失去了，它所揭示的正是每一方自身而不是它所需条件对于对方的依赖，正是本身的规定、本身的特质、本身的内容、本身的产生要由对方来决定。对方规定了它是怎样和不是怎样。资本的存在不只是提供了雇佣劳动存在的必需条件，而且规定了雇佣劳动的特性，规定了工人生活的本质内容，雇佣劳动只有在资本运动中才能得以再生产和新生产。同样，劳动规定了资本的特性，资本也只有通过雇佣劳动才能获得保持和增殖。所以，由对立面相互创造所表现的是一种较之互相媒介更重要、更本质、更深刻的相互依存。

在《政治经济学批判·导言》中，生产和消费同一性表现的第二项和第三项分别为相互媒介和相互创造，马克思在第二项中写了“这表现为它们的相互依存”。把相互媒介与相互依存等同起来的那种理解，与此有关。然而这是一种表面的理解，一种误解。“这表现为它们的相互依存”是对相互媒介的一种进一步的说明，其意义正是指出相互媒介是相互依存的一种表现，并不意味着相互依存只为相互媒介所具有。正如在第二项中还写了“这是一个运动，它们通过这个运动彼此发生关系，表现为互不可缺，但又各自处于对方之外”，这也是对相互媒介的进一步说明，但并不意味着这些特征只为相互媒介所独具一样。这是其一。其二，《政治经济学批判·导言》中凡对第二项所做的概括，都采用了“相互媒介”或“互为手段”字样，而不单独采用“相互依存”，即不把相互依存作为第二项的概括。其三，马克思在分析了生产和消费同一性表现的第二项和第三项后，作为两者的共同概括，写了“没有生产，就没有消费”，“没有消费，也就没有生产”①。大家知道，没有一方就没有对立的另一方，是对立面相互依存的另一种说法。其四，如果联系到马克思的其他著作，就更清楚了。例如在《雇佣劳动和资本》中，马克思分析

① 马克思、恩格斯著，中共中央马克思恩格斯列宁斯大林著作编译局译：《马克思恩格斯全集》第46卷上册，人民出版社1979年版，第28页。

了工人“生产资本”,资本“引起雇佣劳动的产生”,这是讲雇佣劳动和资本的相互创造问题。这一分析的结论则是:两者是“同一种关系的两个方面”,“就如同高利贷者和挥霍者相互依存一样”①。可见,马克思自己也是把相互创造作为相互依存的表现的。

把相互媒介等同于相互依存,往往同时又把相互创造混同于相互转化。其实,相互转化和相互创造并非一回事。相互转化所表明的是矛盾双方各自转化为它的对方,是讲矛盾双方各自的某种运动和变化的情形,而相互创造所指的乃是矛盾双方规定和产生对方,是讲矛盾双方各自对对方发生的作用。在这点上,两者是根本不同的。而且,相互转化中,矛盾一方转化到它的对方时,它自己原来的规定必然失去,否则转化就无法实现;而在相互创造中,一方创造对方不仅不会失去它自己的原有规定,而且恰恰是要求自己原来规定的实现。在这点上两者也是根本不同的。所以认为相互创造即相互转化,是不正确的。相互创造不等同于也不归属于相互转化,而是相互依存的一种表现,一种具体方式。

四、相互依存的方法论意义

在对马克思的对立面相互依存及其具体方式相互媒介和相互创造的思想进行较充分研究的基础上,引出相应的方法论结论,自觉地、熟练地、准确地应用于实践,必将大大提高我们的马克思主义思想方法和工作方法的水平。在方法论上,这里着重提出如下几条:

① 马克思、恩格斯著,中共中央马克思恩格斯列宁斯大林著作编译局译:《马克思恩格斯全集》第6卷,人民出版社1961年版,第491页。

第一，必须重视矛盾的整体协调发展，重视矛盾双方在发展中的相互一致性。

马克思从对立面的相互依存，进而得出了矛盾双方在运动中相互一致的重要结论。他在论述社会内部分工和资本主义工厂内部分工时，十分明确地指出了对立双方"是一致的"，"是齐头并进地向前发展的"，是"并行不悖地一起向前发展"①的。同样，在关于竞争和垄断的论述中也指明了这一点，像蒲鲁东那样企图保存一方而消灭另一方是不可能的。如恩格斯所说："垄断引起自由竞争，自由竞争又引起垄断；因此，二者都必须推翻，只有消灭产生这二者的原则，才能消灭这些困难本身。"②

所谓矛盾双方的相互一致，指的是作为同一个矛盾统一体中的两个方面，在矛盾运动中，其变化发展程度应该是相同的，双方是同一种关系的两个方面。也就是说，一方的保存必然是对方的保存；一方的发展和变化必然引起对方的发展和变化；一方的消灭，另一方作为矛盾的一方也必然不再继续存在，也就是该矛盾的终结。这种矛盾双方相互一致的必然性，从对立面的相互依存，特别是对立面的相互创造中可以得到最彻底最深刻的说明。既然承认对立面通过相互作用而相互产生，而且实现自己和创造对方两者是互为因果的，那么，每一方如何，它的规定和现实产生，都不是单凭自己决定的，而是要受到来自对方的作用。对方所给予的作用，也不是任意地规定此方和产生此方，只是它实

① 马克思、恩格斯著，中共中央马克思恩格斯列宁斯大林著作编译局译：《马克思恩格斯全集》第 47 卷，人民出版社 1979 年版，第 309 页。

② 马克思、恩格斯著，中共中央马克思恩格斯列宁斯大林著作编译局译：《马克思恩格斯全集》第 1 卷，人民出版社 1956 年版，第 623 页。

现自己的产物。所以，对立双方的一致是不可避免的。也只有这种相互一致的对立方面，才会是处在一定阶段的一定矛盾统一体中的对立双方。

矛盾双方在发展中相互一致，是矛盾运动的客观规律，因此，我们要促进整个事物的健康发展，就必须在实践中努力实现这一客观要求，就必须重视矛盾的整体协调发展，重视矛盾双方在发展中的相互一致性。

社会主义社会的矛盾运动，社会主义时期革命和建设的发展，要是健康的而不是畸型的、顺利的而不是备受挫折的，就必须使矛盾内部的相互依存和相互联系得到实现，矛盾诸方面的协调和一致的客观要求得到满足。邓小平同志指出："为了建设现代化的社会主义强国，任务很多，需要做的事情很多，各种任务之间又有相互依存的关系，如像经济与教育、科学，经济与政治、法律等等，都有相互依存的关系，不能顾此失彼。"[①]邓小平同志从哲学的高度，总结了我国社会主义建设实践的宝贵经验和沉痛教训，把相互依存问题作为全面性问题，在总体上提了出来，反映了十一届三中全会以来，我们党在社会主义现代化建设的指导思想上，尊重和依据了矛盾运动的客观规律，继承和发展了马克思的对立面相互依存的科学思想。

党的十二大明确指出，我们首先要集中精力把社会主义现代化经济建设继续推向前进，同时一定要努力建设社会主义精神文明和社会主义民主。这样的总任务和总方针的确定，是建立在社会主义社会的经济生活、政治生活和精神生活各方面协调发展，在发展中保持相互适

① 《邓小平文选》第2卷，人民出版社1994年版，第249—250页。

应和一致,使整个社会全面健康发展这样的科学对立面相互依存的科学认识基础上的。

在社会主义经济建设的指导思想上,党中央明确指出按比例发展是最快的。针对我国经济长期形成的比例严重失调的状况,果断地实行调整,首先把比例关系弄协调,由不同程度的不平衡走向比较平衡。又进一步指明按比例地协调发展是我国社会主义经济建设的长远方针,是使我国经济稳步地持续地前进的保证。从哲学上看,按比例发展,正是对矛盾各方面在发展中相互一致的重视和应用,正是对立面相互依存思想化为经济理论和方法的体现。

党中央在一系列重大问题上强调要统筹兼顾,全面协调,克服单打,避免某一方面的过于发展或过于不发展,在科学方法论上为我们树立了新的典范。

第二,对矛盾任何一方的认识和处置,都要十分重视由其对方所提供的条件、所做出的规定。

矛盾每一对立面的发展是要有条件的。依据对立面相互媒介的认识,我们首先应该重视由对立方面所提供的条件。离开了这一条件,企图单方面地得到发展,是根本不可能的。

马克思所直接论述了的生产和消费的矛盾问题,就是一个很好的例子。这一论述对于我们今天有着重要的现实意义。生产要发展,依赖着消费方面提供的条件。一方面,生产必须根据消费的需求,包括生产消费和生活消费的需求,必须及时了解和提供这些需求的信息,决不能关起门来盲目生产。一方面生产发展,必须相应地提倡消费,消费的萎缩必然带来生产的不景气。反过来也一样,消费要发展,又依赖着生产方面提供的条件。消费程度取决于生产提供的程度。超越生产提供的现实可能，高消费只是一种主观愿望，一句空话。不顾生产地过量消费，势必削减再生产的必要积累，从而影响生产，也影响消费，走向本来愿望的反面。在生产和消费关系的处理上，我们有时做得并不好，这在几个方面上都有表现。如生产不顾消费，盲目性很大。现在有了好转，但在商品生产发展中，如果忽视宏观控制和调节，盲目生产现象仍会发生。又如过去很长一段时间中片面强调节衣缩食，看不到适当提倡消费对生产有着促进作用，以后又有脱离实际可能宣扬和要求高消费的现象出现，忘掉了消费归根到底是要由生产来决定这样一个起码的常识。

由于对立面是相互创造的，任何一方都要受到它的对方的规定，所以我们在认识任何一方时，必须十分重视认识它的对方，从对立一方中找出它对于此方的各种规定。如果我们只从一方自身来认识，那么对于这一方的认识就容易不准确、不完全，即使是准确的、完全的，也会由于不清楚它们从何而来而不深刻。这一点，是对于唯物辩证法的全面性要求的重要说明。

无产阶级要认识自己的阶级地位和历史使命，就不能停留在对自己生活境况的了解上，还必须深刻认识它的对方。马克思恩格斯最先指出了无产阶级及其要求是资本制度的必然产物，他们写下了《资本论》和其他科学著作，揭露了资本主义社会经济的运动法则，从而“教会了工人阶级自我认识和自我意识，用科学代替了幻想”[1]。列宁在俄国这样的非典型资本主义社会的条件下，进一步发展了这一思想。他在

① 列宁著，中共中央马克思恩格斯列宁斯大林著作编译局译：《列宁选集》第1卷，人民出版社1972年版，第87页。

《怎么办?》中指出:“谁把工人阶级的注意力和觉悟完全或主要地集中在工人阶级自己身上,他就不是社会民主主义者,因为工人阶级的自我认识是与……明确了解现社会一切阶级的相互关系的认识密切联系着的。”①

毛泽东同志在《论十大关系》中讲到处理经济建设中的中央和地方、国家和生产单位的关系时,十分重视“统一性”和“独立性”的相互规定。他指出统一性和独立性是对立的统一,要有统一性,也要有独立性。我们所要的独立性是“与统一性相联系”“统一领导下的独立性”,而我们所要的统一性又是允许“正当的独立性”、不把独立性卡死框死的统一性②。无论是统一性或是独立性,都是受着对方规定,与对方相联系着的。如果我们在实践中搞的统一性离开了独立性,那么国民经济的发展就不可能生动活泼。如果我们搞的独立性不受统一性的规定、制约,国民经济就会出现混乱局面。这一原则思想,至今仍然具有指导意义。

第三,要改变或发展某一方,就必须注意改变或发展它的对方。

任何一方的改变或发展,都需要一定的条件。要为自己创造条件,同时也必须注意为自己的对方提供条件,使其具有为我改变和发展所必需的媒介,这样,我之改变和发展才可能真正实现。

教育事业的发展,依赖于经济事业的发展,而经济腾飞又得靠教育事业的发展。现代化建设要搞上去,科技、人才是关键,正是教育事业以其提供的知识和人才,为经济发展提供了媒介。所以,不仅是管全

① 列宁著,中共中央马克思恩格斯列宁斯大林著作编译局译:《列宁全集》第5卷,人民出版社1959年版,第382页。

② 《毛泽东著作选读》下册,人民出版社1986年版,第727、731页。

局、抓全局的同志，而且是每个从事经济工作的同志，各行各业的同志，都要关心、支持、帮助教育事业的发展，把为教育发展提供条件、创造条件作为自己的责任和本分。把这种支持和帮助视作善心的捐助、额外的负担、临时的应付，不能不说是一种目光短浅的缺乏辩证思考的表现。

矛盾双方是相互创造的，矛盾一方的变化影响着另一方的变化。当我们要改变和发展某一方时，不仅要从这一方本身着手，而且可以并应该注意从改变和发展它的对方着手。

对于对立双方具有同向性质的矛盾，可以并应该通过加强和发展其对方来加强和发展这一方。1956 年，我们党看到苏联和东欧一些国家由于片面重视重工业忽视农业、轻工业，产生了不少严重的问题，而我们当时比较注重农业、轻工业，没有犯原则性错误。由此，毛泽东同志指出："我们现在发展重工业可以有两种办法，一种是少发展一些农业轻工业，一种是多发展一些农业轻工业。从长远观点来看，前一种办法会使重工业发展得少些和慢些，至少基础不那么稳固，几十年后算总账是划不来的。后一种办法会使重工业发展得多些和快些，而且由于保障了人民生活的需要，会使它发展的基础更加稳固。"①这一观点的正确性已为我国社会主义建设全部实践的正反两方面经验所证明。发展重工业要多发展一些农业轻工业，从方法论上看，就是指明了要发展一方不能只注重这一方，还要注重它的对方，通过对方的发展来发展这一方。

对于对立双方具有异向性质的矛盾，可以并应该通过打击和削弱

① 《毛泽东著作选读》下册，人民出版社 1986 年版，第 722—723 页。

其对方来加强和发展这一方。无产阶级和资产阶级的矛盾，是对抗性的矛盾。无产阶级对于资产阶级，在一定时期内（例如在资本主义发展初期的反封建斗争中），为了赢得自身的存在和发展，有必要支持和协助资产阶级。但总的来说，“作为无产阶级来说，不能不消灭自身，因而也不能不消灭制约着它而使它成为无产阶级的那个对立面——私有制”①。无产阶级通过长期的艰苦斗争，打击和削弱资产阶级，加强和发展自己的力量，以达到资本制度被彻底摧毁，无产阶级最终解放。这里，初期的支持和协助，是改变和发展对方，后来的打击和削弱，也是改变和发展对方。由于打击和削弱的作用，促使资产阶级走向灭亡，这是资产阶级发展史的一部分。不能一概地把“发展”与地位巩固、力量加强等同起来，把“促进”与支持、扶植等同起来。

① 马克思、恩格斯著，中共中央马克思恩格斯列宁斯大林著作编译局译:《马克思恩格斯全集》第 2 卷，人民出版社 1957 年版，第 43 页。

第四章　对立面的相互贯通

矛盾的间接同一性，除了对立面的相互依存外，还有对立面的相互贯通。马克思和恩格斯在这方面也有着极其深刻的思想和论述。

对立面相互依存，作为矛盾的间接同一性，是无争议的。而对于对立面相互贯通是不是矛盾的间接同一性，则有不同看法。因此，需要首先确定对立面相互贯通在矛盾的间接同一性中的地位。本章便从这里开始。

一、对立面相互贯通也是矛盾的一种间接同一性

马克思说："两极是相通的。"[①]对立面的相互贯通有两种具体方式，即相互渗透和相互转化。对立面相互贯通也是矛盾的一种间接同一性。

矛盾同一性的基本规定在于对立的相对性。矛盾原始的直接同一、对立面的相互依存，表现了对立的相对性，因而是矛盾同一性。对

① 马克思、恩格斯著，中共中央马克思恩格斯列宁斯大林著作编译局译：《马克思恩格斯全集》第1卷，人民出版社1956年版，第355页。

立面的相互贯通，也是因为表现了对立的相对性，而成为矛盾的又一种同一性。

对立面的相互渗透，表现了对立的相对性，每一方都向对方渗透，从而每一方都在自身中包含有对方的成分（因素、萌芽等），这样，对立就不可能再是纯粹的、绝对的对立。那么，相互转化是否也表现了对立的相对性呢？

对立面的相互转化，是对立的相对性的重要依据和证明。这一点，恩格斯有多次明确的阐述。

在《反杜林论》中，恩格斯列举了无机界和有机界中大量的对立面相互转化的事实，指出正是这些事实使得人们头脑中以为的“旧的不变的对立，严格的不可逾越的分界线正在日益消失”，得出了“这些对立和区别，虽然存在于自然界中，可是只具有相对意义”的结论。[①]

在《自然辩证法》中，恩格斯指出：“各种自然力的同一性及其相互转化，而这种相互转化把范畴的一切固定性都结束了。”[②]

恩格斯认为历史上存在两个哲学派别，即带有固定范畴的形而上学派和带有流动范畴的辩证法派。形而上学派所主张的固定的对立是站不住脚的，根据就在于：“由分析表明，一极已经作为胚胎存在于另一极之中，一极到了一定点时就转化为另一极，整个逻辑都只是从前进着的各种对立中发展起来的。”[③]辩证法派的黑格尔揭示了对立面的相互

① 马克思、恩格斯著，中共中央马克思恩格斯列宁斯大林著作编译局译：《马克思恩格斯全集》第20卷，人民出版社1971年版，第15—16页。

② 马克思、恩格斯著，中共中央马克思恩格斯列宁斯大林著作编译局译：《马克思恩格斯全集》第20卷，人民出版社1971年版，第546页。

③ 马克思、恩格斯著，中共中央马克思恩格斯列宁斯大林著作编译局译：《马克思恩格斯全集》第20卷，人民出版社1971年版，第545页。

转化而坚持了对立相对性的原则，恩格斯在致康·施米特的信中推荐了黑格尔的《小逻辑》，认为这部著作的主要部分"本质论"那里，"揭示了抽象的对立是站不住脚的，人们刚想抓住一个方面，它就悄悄地转化为另一个方面"①。

恩格斯指出真理和谬误的对立是相对的，因为"对立的两极都向自己的对立面转化，真理变成谬误，谬误变成真理"②。而且，一切在两极对立中运动的逻辑范畴都一样。

所以，对立面的相互转化表现了对立的相对性，这是不容置疑的。相互转化和相互渗透一样，都是矛盾的同一性。

相互渗透和相互转化，又都是矛盾同一性中的间接同一性。它们都不是直接的一方就是它的另一方，因而不属于直接同一性。它们都具备间接同一性的两大特征。间接同一性必须在一个运动过程中才能实现的特征表现得十分显著和直接。因为无论是相互渗透还是相互转化，其本身就是运动，就是过程。间接同一性的另一特征表现为互不可缺但又各自处于对方之外。作为相互渗透或相互转化，首先需要以对立双方具有相对独立地位即各自处于对方之外为前提，渗透是向另一方的渗透，转化是转化为另一方，都是讲的这一方与"另一方"的关系；而渗透和转化又使得这对立的双方发生特定的联系，变得互不可缺，缺少了渗透或转化的一方固然不行，缺少了渗透或转化所向的一方同样不行。

---

① 马克思、恩格斯著，中共中央马克思恩格斯列宁斯大林著作编译局译：《马克思恩格斯全集》第 38 卷，人民出版社 1972 年版，第 202 页。

② 马克思、恩格斯著，中共中央马克思恩格斯列宁斯大林著作编译局译：《马克思恩格斯全集》第 20 卷，人民出版社 1971 年版，第 99 页。

作为间接同一性的对立面相互渗透和相互转化，有着与对立面相互依存不同的地方。对立面的相互依存，是对立双方互为前提和条件，互相提供对象和做出规定，它着重概括和反映了对立面相互之间的依赖关系。相互渗透和转化，是指每一方自身能够在一定条件下进入它的对方甚至成为它的对方，它着重概括和反映了对立双方之间有着互相沟通、互相通达那样一类联系。所以，对立面的相互贯通是和对立面相互依存并列的一种间接同一性。

"对立面相互贯通"这一概念，在马克思恩格斯著作中极少出现。本节一开头所引用的马克思语"两极是相通的"，出自《黑格尔法哲学批判》，在那里马克思肯定了由同一个本质分化出来、分离出来的两种对立的规定是可以相通的。在这本著作的另一个地方，马克思又指出了"两极相通"。他写道："这当然是纯粹的思辨，但其所以这样，并不是因为黑格尔完成了从纯自我规定、从抽象到纯自然性（即出生的偶然性）即到另一极端的飞跃，因为两极是相通的。"[①]这段话是批判黑格尔时写的。黑格尔的具体观点及其错误，我们不必更多地涉及，值得注意的是，马克思把一极向另一极飞跃（转化）的理由断为"两极是相通的"，而且在马克思看来，"两极是相通的"是不言而喻的理论前提。恩格斯在《自然辩证法》中谈到了"两极相通"，他说："有一个深入人民意识的辩证法的古老命题：两极相通。因此，当我们要寻找极端的幻想、盲从和迷信时，如果不到那种象德国自然哲学一样竭力把客观世界嵌入自己主观思维的框子里的自然科学派别中去寻找，而到那种单凭经验、非常

---

① 马克思、恩格斯著，中共中央马克思恩格斯列宁斯大林著作编译局译：《马克思恩格斯全集》第1卷，人民出版社1956年版，第286页。

蔑视思维、实际上走到了极端缺乏思想的地步的相反的派别中去寻找，那末我们就大致不会犯什么错误。”①

由于对立面的相互贯通，较好地表达了相互渗透和相互转化的共同特点而和对立面相互依存相区别。由于这一概念马克思、恩格斯已经有所运用并加以肯定，之后在列宁、毛泽东等经典作家著作中继续得到了应用和阐发，所以，在本书中，把相互贯通和相互依存相并列，而把相互渗透和相互转化作为相互贯通的具体方式。

对立面相互贯通是矛盾间接同一性的重要表现。但其两种具体方式（即相互渗透和相互转化），在我国有着两种不同的“遭遇”。

在我国，对立面相互渗透问题过去很少有人过问，更谈不上专门研究。它或是被完全遗忘了，或是因和转化相混同而被取代了。只是在党的十一届三中全会倡导思想解放之后，对立面相互渗透问题被重新提了出来，有了较多的探讨，它作为矛盾同一性表现的地位得到了肯定。

对立面相互转化的遭遇则几乎完全相反。相互转化是矛盾同一性，这在我国本来是没有异议的。毛泽东同志在《矛盾论》中所做的概括和阐发，为我国哲学界所普遍接受。但在对矛盾同一性的进一步探索中，由于理解的不同，也由于原有理论上的某些问题，认识上发生了分歧，以致相互转化是否属于矛盾同一性亦成了问题。分歧不在于是否承认转化的存在及其重要性，而在于如何认识对立面相互转化和如何认识矛盾同一性。

① 马克思、恩格斯著，中共中央马克思恩格斯列宁斯大林著作编译局译：《马克思恩格斯全集》第 20 卷，人民出版社 1971 年版，第 389 页。

第一，在对矛盾同一性的理解上。由于对矛盾(间接)同一性理解过于狭窄，看不到矛盾间接同一性的基本规定在于对立的相对性，而对立面的相互转化正是对立相对性的重要表现和证明，从而只把矛盾(间接)同一性视作对立面的相互依存，否定了对立面相互转化在矛盾同一性中的地位。

第二，在对转化的理解上。在进一步的探讨中，提出了转化是一个重要的哲学范畴，需要做专门的相对独立的研究，这一观点是很有价值的。但由此得出对立面相互转化不是矛盾同一性的结论，这就错了。转化是个较广泛的范畴，事情本来应该区分开一般意义的“转化”和“对立面”转化，并在此基础上，对一般转化做专门研究，把矛盾同一性中探讨的转化严格限制在“对立面”转化的范围内。正如我们既承认和研究“普遍联系”、普遍意义上的“依存”，又承认和研究“对立面”的联系和依存一样。

第三，在转化原因的理解上。对立面转化只能是矛盾的同一性和斗争性共同作用的结果。由此，只在矛盾同一性中讲对立面转化是不合适的。这是把对立面转化从矛盾同一性中排除出去的另一重要理由，也出现了主张在矛盾同一性中只提“对立面转化的可能和趋势”的意见。

矛盾的对立性(或斗争性)和同一性，都是矛盾的基本属性，在现实中两种属性和作用总是共同发生，互相结合在一起的。现实矛盾在发展中的任何一种情况的产生，都是两种属性共同作用的结果，不可能有某一属性单独作用的时候。但这不排除我们在认识的一定阶段加以切割，这种切割对于科学认识来说是完全必要的。

现实的对立面相互转化的实现，是对立面既同一又斗争的结果，现实的对立面相互依存的实现又何尝不是对立面既同一又斗争的结果？如果因此矛盾同一性中不应讲对立面相互转化，那么同样也不应讲对立面相互依存。这样的否认认识中相对的暂时的切割必要性的思想方式，势必导致取消矛盾同一性的研究，也取消矛盾对立性的研究。如果认为只能说转化的可能和趋势才算矛盾同一性，那么，如果坚持逻辑上的一贯性和彻底性，对立面相互依存也不能是矛盾同一性，而只能说相互依存的可能和趋势才是矛盾同一性。在矛盾同一性上统统加上"可能和趋势"，这就意味着只承认对立性(或斗争性)对矛盾的推动力量，否认同一性在矛盾中的能动作用。

第四，在转化与质变关系的理解上。对立面相互转化与矛盾质变有联系，但不是一回事。过去在理论上存在一定混乱。一事物(矛盾)有着内在的两个对立面，对立面转化应是这两个对立面的转化。而质变又是指该事物的质变，如果把转化混同质变，转化就是该事物向他事物的转化，而不是该事物内部两个对立方面的转化。这里"对立面"前后是不同的，哪一对对立面转化是不清楚的。指出这一混乱的存在，是一种理论进步的表现。但是有同志认为，既然转化是质变，质变是该事物向他事物的转化，并非该事物原来两个对立面本身的转化，由此得出了否定对立面转化的结论。

澄清混乱的结果，应该在新的基础上提出科学的理论，不应该以这种混乱为基础做出自己的结论。事实是过去把两种对立面的转化搅在一起了，一个是指一事物中两个对立面的相互转化，另一个是指一事物与他事物作为对立的两个方面的相互转化，这是两个矛盾统一体，两组对立面，两种转化。这两种转化在现实中都是存在的。这样认识问题，就是肯定并丰富对立面相互转化的认识。

肯定了对立面相互贯通在矛盾同一性中的地位，下面我们就来分别论述相互贯通的两种具体方式。马克思和恩格斯对这两种具体方式的论述是大量的，这是本章的重点和核心内容。

二、对立面的相互渗透

在恩格斯的著作中，对立面的相互渗透有着广义和狭义之分。先看广义上的对立面相互渗透。

恩格斯的《自然辩证法》给予了对立面相互渗透以特有的重视。在这部著作中，对对立统一规律做过两个概括，“总计划草案”中表述为“两极对立的相互渗透和它们达到极端时的相互转化”[①]，“辩证法”论文中又简要地表述为“对立的相互渗透的规律”[②]。显然，后者的意义相当广泛，至少包括了相互转化的情况。

在《社会主义从空想到科学的发展》一文中，恩格斯指出：“在进行较精确的考察时，我们也发现，某种对立的两极，例如正和负，是彼此不可分离的，正如它们是彼此对立的一样，而且不管它们如何对立，它们总是互相渗透的；同样，原因和结果这两个观念，只有在应用于个别场合时才有其本来的意义；可是只要我们把这种个别场合放在它和世界整体的总联系中来考察，这两个观念就汇合在一起，融化在普遍相互作用的观念中，在这种相互作用中，原因和结果经常交换位置；在此时或

① 马克思、恩格斯著，中共中央马克思恩格斯列宁斯大林著作编译局译：《马克思恩格斯全集》第 20 卷，人民出版社 1971 年版，第 357 页。

② 马克思、恩格斯著，中共中央马克思恩格斯列宁斯大林著作编译局译：《马克思恩格斯全集》第 20 卷，人民出版社 1971 年版，第 401 页。

此地是结果的，在彼时或彼地就成了原因，反之亦然。”[①]这里举了两个实例，一是正和负，一是原因和结果。在正和负中，恩格斯指出了它们是彼此对立的又是彼此不可分离、互相渗透的，而且有对立就有渗透，并没有提出这种对立的发展程度上的规定和限制。可见这里所说的相互渗透范围是比较广的。但是在这一实例中，对于什么叫相互渗透未做论述。这在“同样”的第二实例中解决了。恩格斯指出了在相互作用中原因和结果“经常交换位置”，从而两个观念“汇合在一起”。所以，恩格斯在这段文字中所说的“相互渗透”也是属于广义的。

在恩格斯的早期著作中，也对相互渗透做了广义的运用。他在1840年的《恩斯特·莫里茨·阿伦特》中讲到：“我们时代的任务就在于完成黑格尔思想和白尔尼思想的相互渗透。”当时的恩格斯认为，黑格尔是个思想家，他的哲学“为了抨击现存事物的实际状况而已经剑拔弩张”，而表面上与黑格尔直接对立的白尔尼则是个政治实践家，他们是相辅相成的。所谓完成“相互渗透”，也就是实现“思想和行动相结合”[②]。

总之，广义上的对立面相互渗透，包含了对立面的转化、结合等意义，所以，恩格斯把它作为辩证法的主要规律之一，作为对立统一规律的一种表述，并不是偶然的。

我们这里要着重讨论的，是作为与对立面相互转化相并列的、作为对立面相互贯通的表现和方式之一的相互渗透，也就是狭义上的对立

---

① 马克思、恩格斯著，中共中央马克思恩格斯列宁斯大林著作编译局译：《马克思恩格斯全集》第19卷，人民出版社1963年版，第221—222页。

② 马克思、恩格斯著，中共中央马克思恩格斯列宁斯大林著作编译局译：《马克思恩格斯全集》第41卷，人民出版社1982年版，第150—152页。

面相互渗透。

在“两极对立的相互渗透和它们达到极端时的相互转化”的表述中，我们看到的是狭义的相互渗透。这里的相互渗透是和相互转化并列的，并且这种相互渗透存在于两极对立“达到极端”之前。

在《自然辩证法》的“数学”札记中，恩格斯写道：“因此，如果说，任何数是由相加起来的一所组成，因而自身包含着一，那末，一自身也同样包含着其他一切数。这不只是可能性，因为我们能仅仅用一来构成任何数；而且是现实，因为一是其他任何数的一定的幂。数学家们在做起来对自己方便的地方，都不动声色地在自己的计算中引用 $x^0=1$，或引用分子和分母相等的分数，即等于一的分数，因而在数学上运用了包含在一中的多。但是如果有人以一般的表述方式向他们说，一和多是不能分离的、相互渗透的两个概念，而且多包含于一中，正如一包含于多中一样，他们就会皱起鼻子，并做起鬼脸来。”①这段论述对于我们来说是十分重要的。首先，它指出了相互渗透是数学中一和多相互包含的“一般的表述方式”，渗透的意义在于包含，我们可以通过对立面的相互包含来理解对立面的相互渗透。一中包含多，是多对一的渗透；多中包含一，是一对多的渗透。其次，它阐述了一和多相互渗透、包含的可能与现实，强调了“多包含于一中，正如一包含于多中一样”，即强调了这种渗透、包含的相互性。

恩格斯说：“理由和推断、原因和结果、同一和差异、外表和实质这些固定的对立是站不住脚的，由分析表明，一极已经作为胚胎存在于另

① 马克思、恩格斯著，中共中央马克思恩格斯列宁斯大林著作编译局译：《马克思恩格斯全集》第 20 卷，人民出版社 1971 年版，第 604 页。

一极之中，一极到了一定点时就转化为另一极。”①这段话如果和“两极对立的相互渗透和它们达到极端时的相互转化”两相对照，“一极已经作为胚胎存在于另一极之中”也就是说的“两极对立的相互渗透”。这就为相互渗透即相互包含的理解提供了又一有力证明。这段话还提供了这样的重要见解：所谓对立面的相互渗透，固然可以是矛盾双方的逐渐渗透，即我们通常所持的动态理解，但它还可以是一种“静态”的理解，另一极存在，一极就“已经作为胚胎”被包含于其中，凡矛盾中的对立都具有这种互相渗透、包含的性质。

恩格斯考察了同一和差异范畴，指出“差异性包含在同一性中”②。他考察了必然性和偶然性范畴，认为“在历史的发展中，偶然性起着自己的作用，而它在辩证的思维中，就象在胚胎的发展中一样包括在必然性中”③。关于生和死的相互渗透、包含，恩格斯说：“今天，不把死亡看作生命的重要因素、不了解生命的否定实质上包含在生命自身之中的生理学，已经不被认为是科学的了，因此，生命总是和它的必然结果，即始终作为种子存在于生命中的死亡联系起来考虑的。辩证的生命观无非就是这样。”④

恩格斯谈到了防御和进攻的相互包含。他在 1885 年 5 月 15 日致

---

① 马克思、恩格斯著，中共中央马克思恩格斯列宁斯大林著作编译局译：《马克思恩格斯全集》第 20 卷，人民出版社 1971 年版，第 545 页。

② 马克思、恩格斯著，中共中央马克思恩格斯列宁斯大林著作编译局译：《马克思恩格斯全集》第 20 卷，人民出版社 1971 年版，第 558 页。

③ 马克思、恩格斯著，中共中央马克思恩格斯列宁斯大林著作编译局译：《马克思恩格斯全集》第 20 卷，人民出版社 1971 年版，第 565 页。

④ 马克思、恩格斯著，中共中央马克思恩格斯列宁斯大林著作编译局译：《马克思恩格斯全集》第 20 卷，人民出版社 1971 年版，第 639 页。

爱·伯恩斯坦的信中，就无产阶级策略问题做了重要指示："我们应该竭尽全力捍卫，特别是在报刊上捍卫我们的每一个观点，而这并不是在任何时候都需要直接对抗的。迂回的行动，这也是一种防御方法，它包含着进攻性的反击。"[①]这里阐述了进攻作为防御手段，防御包含着进攻的辩证法。他在1870年8月17日致马克思的信中，批评了库格曼把防御性战争和防御性的军事行动混为一谈。防御性战争包含着进攻性的军事行动。他讥讽那些"缺少辩证法"的人们，因为在那些人看来，"如果有一个家伙在街上打我，我只能挡开他的拳头，而不能把他打倒，因为我如果这样做，就会变成一个进攻者"[②]。

恩格斯还谈到了悲剧和喜剧的相互包含。在《现代文学生活》中他说"悲剧之中有喜剧因素"，之所以这样，是因为这是生活的真实反映，"难道生活中最深刻的悲剧有时不是穿着喜剧的服装出现的吗"[③]。悲剧中所包含的喜剧，并非真正的喜剧，而只是喜剧的"服装"，它作为一种因素表现着悲剧，而且往往是表现着"最深刻"的悲剧。

从以上论述，我们可以得出对狭义的对立面相互渗透，作为对立面相互贯通方式之一的相互渗透的几点基本认识。

第一，相互渗透，也就是对立面的相互包含，一极作为胚胎存在于另一极之中。一中包含着多，生命之中有死亡的种子，悲剧之中有喜剧的因素等。

① 马克思、恩格斯著，中共中央马克思恩格斯列宁斯大林著作编译局译：《马克思恩格斯全集》第36卷，人民出版社1975年版，第309页。

② 马克思、恩格斯著，中共中央马克思恩格斯列宁斯大林著作编译局译：《马克思恩格斯全集》第33卷，人民出版社1973年版，第46页。

③ 马克思、恩格斯著，中共中央马克思恩格斯列宁斯大林著作编译局译：《马克思恩格斯全集》第41卷，人民出版社1982年版，第71页。

在矛盾中,作为对立面原来就“已经”有着这样的包含,使得每一对立方面失去了自身的绝对性和单纯性。它们本来就不那么“纯正”,而在矛盾发展中、在对立面的相互作用中,就变得越来越不“纯正”,这一点我们还可以引出马克思的一段论述。马克思在《路易·波拿巴的雾月十八》中结合具体事件的评述,写了一段饶有意味的话:“但是,原因和结果总不免有某些混淆,因为原因和结果在相互作用中不断丧失自己的特征。”①由于对立面的相互渗透,每一对立方面“不断丧失自己的特征”,从而造成了两者“不免有些混淆”的结果。

第二,在相互渗透中,被包含的方面在此极中还只是胚胎、因素、种子。此极并不由于渗入了、包含了对立的成分,而完全丧失自己的特征,全然改换了自己的本来面貌。生命中的死亡,并不是生命的死亡,而只是“始终作为种子”存在于生命中的死亡。一中包含有多,但一中所包含多作为一的因素,仍然表现着一而并不直接表现多,一也并不因为包含了多而不成其一。悲剧之中有喜剧的因素,但这种悲剧中的喜剧形式恰恰造成了更为悲伤的戏剧效果。所以,“混淆”是“有些”的,也是“不免”的,但这种“混淆”只能达到造成对立相对性的程度,绝不会由此而根本取消对立。

第三,对立面渗透或包含的相互性。这在一和多的实例中看得很清楚,“多包含于一中,正如一包含于多中一样”。恩格斯在一般性的概括和表述上,都指明了相互性。

但只需稍加注意就可以发现,在许多实例中,恩格斯又往往只谈到

① 马克思、恩格斯著,中共中央马克思恩格斯列宁斯大林著作编译局译:《马克思恩格斯全集》第8卷,人民出版社1961年版,第224页。

某一极对另一极成分的包含,如生命包含着死亡、同一包含着差异、偶然性包含着必然性等,而"没有"谈相互包含。那么是否它们本来就不具有渗透或包含的相互性呢?当然不是。出现上述情况,是由于考察的特定任务造成的。在谈到生和死的问题时,他并不是为了一般阐述生和死的全面关系,而是着重阐明"辩证的生命观",所以指出生命之中包含死亡的种子就足够了,无需涉及死亡之中是否包含生命的种子的问题。同样,在同一和差异的问题上,也不是为了阐述两者的全面关系,而是要讲清"真实的具体的同一性"是什么,批评 a＝a 的抽象同一性,为此目的,就要强调说明同一之中包含着差异的道理,对差异之中也包含着同一这方面就不必多谈了。

第四,相互渗透存在于对立面达到极端之前。这个问题直接与相互转化问题相关,我们放在下面再谈。

三、对立面的相互转化

在马克思恩格斯的著作中,"转化"一词是经常出现的,用以表示变化、过渡、演变以及诸如此类的意思。我们这里并非讨论一般意义的"转化",而是探讨"对立面"的转化。这一点,需要再次说明。

由于在对立面相互转化问题上马克思恩格斯的论述数量过大,这一节中我们不采取先介绍主要论述和实例再做几点概括的方式,而是直接地提出几点需要特别加以重视和把握的最重要思想。

第一,对立面的转化,是每一对立面原有规定的丧失和对立规定的获得。

对立面相互转化,一极到了一定点就转化为另一极。当一极转化为另一极时,它就当然地已不再是原来的一极,而成了它原来的对极。

这就是说，它自己原来的规定必须失去，它原来对极的规定必须获得，否则转化就得不到实现。马克思在分析商品交换时说："任何一方只有实现在另一方身上时，才能失去自己和另一方相对立的规定。任何一方都不能在它过渡到另一规定时仍保持自己原有的规定。"①这是对于对立面转化的极好说明。在相互转化中，双方规定是相互替换的。对货币所有者来说，一旦货币实现在作为使用价值的商品上，固定在货币中的交换价值就消失了；对商品所有者来说，一旦商品的价格实现在货币上，存在于商品中的使用价值也就消失了。

在这一点上，对立面的相互转化与对立面相互渗透有着根本的不同。在相互渗透中，被包含的部分虽然由于成为对立一极的某种成分，从而可以说获得了新的规定，但这并不整体地改变其原来一极规定的继续存在，也不改变被渗入的一极即对极原有规定的继续存在。在相互转化中，转化的一方必须整体地失去原有规定，又整体地获得新的规定。原因之中包含有结果，但它依然还是原因而不是结果；原因转化为结果，它就是结果而不再是原因。

每一次转化，都是原有规定的失去和对立规定的获得，因而都是一种质的变化。对立面的转化，总是和对立面的质变联系在一起的。但是必须明白，这里所说的质的变化或质变，是指发生转化的那个对立方面的质变。对立的一方转化为另一方，也就是对立一方发生质变成了另一方。这种对立面的质变，是以另一对立面也发生同样的质变作为补充的，否则矛盾就不能继续存在。这种对立面的质变，绝不等于由对

① 马克思、恩格斯著，中共中央马克思恩格斯列宁斯大林著作编译局译：《马克思恩格斯全集》第 46 卷下册，人民出版社 1980 年版，第 482 页。

立双方所形成的整个矛盾统一体的质变，绝不等于我们通常所说的量变阶段、质变阶段中的质变。所以以为对立面转化就是矛盾的质变是不对的。

例如，马克思指出“W—G—W 这个运动是直接互相转化的两个因素即 W—G 和 G—W 的过程中的统一”①。这里商品转化为货币和货币转化为商品，对于商品或货币来说，都经历了根本性的变化，发生了质变。但是对于这两个因素的统一即商品交换来说，并没有发生什么质变，商品交换的质变将是商品交换的结束、产品交换的开始。对立面的转化，商品转化为货币，货币转化为商品，不仅不是商品和货币这一矛盾的质变，而且恰恰是由于有了这样的转化，使得商品和货币的统一得到实现，使得商品交换成为矛盾统一体。

马克思在剩余价值理论中分析生产过程和流通过程的相互转化时表明了同样的观点。他认为：直接的生产过程和流通过程，作为两个对立过程在一个统一运动中彼此相对分离，又彼此相互转化，“一旦两个过程不能顺利地互相转化而彼此独立，就发生危机”②。在互相转化中，流通过程为生产过程所替代，是“质”的变化，生产过程为流通过程所替代，也是“质”的变化，但是这种互相转化，正是发生在经济运动的正常过程中。相反地，如果不能相互转化，倒会引起危机，甚至是整个经济活动的崩溃。

强调对立面相互转化是每一对立面本身的质的变化，不等于整个

① 马克思、恩格斯著，中共中央马克思恩格斯列宁斯大林著作编译局译：《马克思恩格斯全集》第 13 卷，人民出版社 1962 年版，第 104 页。

② 马克思、恩格斯著，中共中央马克思恩格斯列宁斯大林著作编译局译：《马克思恩格斯全集》第 26 卷第二册，人民出版社 1973 年版，第 579 页。

矛盾的质变，是为了明确对立面相互转化的本身含义。但这不是说它对整个矛盾统一体就不发生任何影响，既然矛盾统一体是由对立面的相互关系形成的，对立面情况的变化，势必要影响到矛盾统一体。这种影响，视矛盾性质和情况的不同而不同。在有的矛盾中，对立面的相互转化正是矛盾统一体的实现手段，上述两例就是这种情况。在有的矛盾中，对立面相互转化会引起矛盾发生重大变化，例如当被统治的无产阶级经过革命转化为统治者，原来是统治者的资产阶级却转化为被统治者，转化到对方原来所占的地位时，尽管矛盾依然是无产阶级和资产阶级的矛盾，但性质和情况发生了根本性的变化，并且完成了最终解决这一矛盾的关键一步。在有的矛盾中，对立面相互转化，可能就是矛盾最终解决完成质变的本身。总之，对立面的相互转化是对立面本身的质的变化，它对整个矛盾将会造成什么影响需要具体分析。

第二，对立面转化，只有在对立发展为极端时才可能发生。

"极端"概念，是马克思恩格斯论述对立面转化时提出的重要概念。恩格斯在《反杜林论》中谈到卢梭的平等说。卢梭认为人类在自然和野蛮的状态中是平等的，越过原始状态后平等转向不平等，文明每前进一步，不平等也同时前进一步，从而使不平等登峰造极，这种登峰造极的不平等又重新转向自己的反面，不平等又重新转向平等。恩格斯说："因此，我们在卢梭那里不仅已经可以看到那种和马克思《资本论》中所遵循的完全相同的思想进程，而且还在他的详细叙述中可以看到马克思所使用的整整一系列辩证的说法：按本性说是对抗的、包含着矛盾的过程，每个极端向它的反面的转化，最后，作为整个过程的核心的否定的否定。”[①]恩格斯指出了“每个极端向它的反面的转化”是马克思所遵循的“思想进程”和所使用的“辩证说法”。所以,“极端”概念是作为科学概念提出来的,绝非偶然的、随意的用语。

前面已经讲过,恩格斯概括辩证法主要规律之一是“两极对立的相互渗透和它们达到极端时的相互转化”。这一概括的意义,不仅在于指明了相互渗透和相互转化在辩证法中的地位,不仅指明了相互渗透和相互转化两者互有区别,而且指明一个重大的区别就在于矛盾对立的发展程度上:在对立面形成后,就存在着和发生着对立面的相互渗透,而对立面的相互转化则只有在对立面发展“达到极端时”才有可能。通常我们说“物极必反”,这是说对立面发展到了极端“必定”要走向自己的反面,如果从另一角度看,又可以说对立面“只有”在发展到极端时,转化才会发生,恩格斯所强调的正是这一点。

发展到了极端,也就是登峰造极,到了顶点。恩格斯在 1844 年所写的《英国状况·十八世纪》中讲得很清楚。他写道:“因此,18 世纪并没有克服那种自古以来就有并和历史一同发展起来的巨大对立,即实体和主体、自然和精神、必然性和自由的对立;而是使这两个对立面发展到顶点并达到十分尖锐的程度,以致消灭这种对立成为必不可免的事。由于对立的这种明显的和极端的发展,结果就产生了普遍的革命。”[②]

对于“极端”,马克思也做了类似的说明。马克思认为,对立面发展

---

① 马克思、恩格斯著,中共中央马克思恩格斯列宁斯大林著作编译局译:《马克思恩格斯全集》第 20 卷,人民出版社 1971 年版,第 153 页。

② 马克思、恩格斯著,中共中央马克思恩格斯列宁斯大林著作编译局译:《马克思恩格斯全集》第 1 卷,人民出版社 1956 年版,第 658 页。

为极端"不是别的，而是这些对立面的自我认识，以及它们对决定性斗争的热烈渴望"[①]。

马克思主义者在对立面转化问题上，历来重视转化的条件性。毛泽东同志着重指出："矛盾着的对立的双方互相斗争的结果，无不在一定条件下互相转化。在这里，条件是重要的。没有一定的条件，斗争着的双方都不会转化。"[②]然而，对立面自身的发展程度如何，是否发展到了极端，这应该是转化的一切条件中最重要的条件。我们在注意到转化的各种外部条件的同时，必须注意转化的内部条件，只有这样，才是真正地、全面地重视了转化的条件性。

第三，对立面转化的相互性问题。说"对立面的相互转化"，这本身就已经标明了转化的相互性。但是应该怎样正确理解这种相互性呢？马克思恩格斯的下面两个思想是十分重要的。

其一，对立面转化是相互的，但并不一定要求"同时"。对立面的相互转化往往具有同时性，但如果以为转化既然是相互的，就必定是同时的，那就错了。对于有些矛盾来说，对立面的相互转化就不是同时实现的。

恩格斯论述了在人类实践中机械运动和热相互转化的实现问题。远古的人类摩擦取火，在实践上发现了机械运动可以转化为热。然而这一过程还是片面的，"为了完成这个过程，它必须再反过来，必须把热转化为机械运动。只是在这个时候，过程的辩证法才充分地实现，过程才完成一个循环——至少在第一个阶段上是如此。但是历史有它自己

---

① 马克思、恩格斯著，中共中央马克思恩格斯列宁斯大林著作编译局译：《马克思恩格斯全集》第1卷，人民出版社1956年版，第356页。

② 毛泽东：《关于正确处理人民内部矛盾的问题》，人民出版社1964年版，第35页。

的步伐，不管它的进程归根到底是多么辩证的，辩证法往往还是要等待历史很久”[①]。在几千年之后，由于蒸汽机的发明，才在实践上完成了从热到机械运动的转化。“这样，实践以它自己的方式解决了机械运动和热的关系问题。它先把前者转化为后者，然后再把后者转化为前者。”[②]

的确，历史有它自己的步伐。公有制和私有制的相互转化，情形也是这样。社会发展的过程，先由原始社会的公有制转化为私有制，在经历了私有制的漫长发展，达到极端后，才出现了由私有制向公有制即向社会主义、共产主义的转化。这前后相继的两次转化使过程的辩证法得到了充分体现，但辩证法等待了历史很久。

相互转化的非同时性，在马克思的经济学著作中更是常见。例如，马克思说：“商品的交换过程，是在两个互相反对又互相补足的形态变化——由商品转化为货币，再由货币转化为商品——中完成的。”[③]由商品转化为货币，“再由”货币转化为商品，这里相互转化已经是非同时的了，何况还有着“商品必须转化为货币，货币却不立即必须转化为商品”[④]的情况，使得同时性更不可能了。

其二，对立面转化是相互的，但相反方向两种转化的自由程度，可

① 马克思、恩格斯著，中共中央马克思恩格斯列宁斯大林著作编译局译：《马克思恩格斯全集》第 20 卷，人民出版社 1971 年版，第 450 页。

② 马克思、恩格斯著，中共中央马克思恩格斯列宁斯大林著作编译局译：《马克思恩格斯全集》第 20 卷，人民出版社 1971 年版，第 451 页。

③ 马克思著，中共中央马克思恩格斯列宁斯大林著作编译局译：《资本论》第 1 卷，人民出版社 1975 年版，第 84 页。

④ 马克思、恩格斯著，中共中央马克思恩格斯列宁斯大林著作编译局译：《马克思恩格斯全集》第 26 卷第二册，人民出版社 1973 年版，第 581 页。

以不相同。恩格斯论述了自然界不同运动形态和领域中，转化具有不同的自由程度的问题。

在数学领域中，这种相互转化是有很大自由的。数学中的正和负、曲和直等，不仅可以互相转化，而且这种转化可以表现为相等，表现为同一件事可以用相反的方式来表示。数学领域的这种很大的自由，是由它的本性所决定的，由于它研究的数量关系已经从客观事物中抽象了，所以很少受具体物质性的束缚。

在力学领域中，相互转化并没有很大的自由。而在物理学领域内，各种"物理力"，电、磁、光、热，有了条件都可以相互代替和相互转换。恩格斯说："运动形式的变换只有在分子运动中才获得完全的自由。"[①]

在有机界中，恩格斯较少提到相互转化，而是采用了"进化"。进化也是一种转化，但它着重表现为一种前进的趋向，是由低级向高级的发展。虽然有机界中也存在着退化，而且在某种意义上每一进化同时又是退化，但作为总的趋势则是发展的前进运动。这里相互转化的自由程度，转化的相互性，就远不如分子运动的领域了。所以恩格斯在讲到整个自然界中到处盛行的对立中的运动决定自然界的生活时，精确地采用了"这些对立，以其不断的斗争和最后的互相转变或向更高形式的转变"[②]的概括。

恩格斯的这一概括也适用于社会领域。在这一领域中，也存在着"互相转变或向更高形式的转变"这样两种运动。除了互相转变外，适

① 马克思、恩格斯著，中共中央马克思恩格斯列宁斯大林著作编译局译：《马克思恩格斯全集》第 20 卷，人民出版社 1971 年版，第 449 页。

② 马克思、恩格斯著，中共中央马克思恩格斯列宁斯大林著作编译局译：《马克思恩格斯全集》第 20 卷，人民出版社 1971 年版，第 553 页。

应着历史的前进,又有着“向更高形式的转变”,当然,即使在这里,也不排除向反方向转化的可能性。

对转化自由程度研究的意义在于它指明了对立面相互转化的复杂性。有了对这种复杂性的充分认识,我们就能更准确、更深刻地了解对立面转化的相互性,而不是由于转化自由程度的不同得出否定转化相互性的结论。

由于相互转化可以是同时的又可以是非同时的,由于转化的自由程度有不同。所以,在马克思恩格斯著作中,除了采用“对立面相互转化”的表述外,还常常采用诸如“转化为自己的对立面”“向对立面的转化”一类的表述,以适应同时转化、非同时转化、双向转化、单向转化等复杂情况。

第四,转化中的“中间环节”。对立面转化是每一对立面原有规定的失去和对立规定的获得,然而转化是一个过程,原有规定的失去和对立规定的获得往往不是一下子就能完成的,在转化过程中,原有规定尚未完全失去、对立规定尚未完全获得的状态,就是“中间环节”“中间状态”“中间物”。这种中间的东西,与两极中的每一极都有相似的地方,又与两极中的每一极不同。它还保留原来一极的某些特征,又已获得了将达一极的某些特征。总之,它是一极向另一极过渡中的产物,对立面相互转化中的产物。

这种过渡性质的东西,在缓慢进化的运动方式中能得到相对稳定的保留,也就表现得十分突出。生物进化论和有机界的新发现,提供了中间环节存在的大量证明。脊椎动物和非脊椎动物之间、鱼类和两栖类之间、鸟类和爬虫类之间、动物和植物之间、有机物和无机物之间,都有中间物的存在。

除了有机界外，恩格斯又指出了天体现象中也存在介乎两极之间的中间状态。当然，如今的科学发展提供了更多无机界中的例证。

恩格斯还谈到了语言现象中存在介乎两极的中间状态。

在社会领域中情形也一样。人类社会进入阶级社会后，除了有两极对立的阶级存在外，还总是存在有介乎两极的中间阶级。在大资本家和无产者二者之间，有马克思称之为“资本和劳动的中间结合体”[1]的小资产者，他们处于不稳定状态，变化最大，在一定条件下总是要向这一极或那一极转变，从而成为资本和劳动相互转化的阶梯。

中间环节、中间状态、中间物的存在，是对立面相互转化的有力证明。恩格斯说：“这些中间环节只是证明：自然界中没有飞跃，正是因为自然界自身完全由飞跃所组成。”[2]前一个“飞跃”指和进化相对的本来意义的飞跃即突变，后一“飞跃”指质的变化即转化。对于一些事物来说，转化采取突变形式，是比较明显的；对于另一些事物来说，转化并不采取突变形式，并不明显。这时，中间状态的存在就是转化的最好的证明。

恩格斯认为对中间环节的认识，构成了自然观发展的新阶段。这种新自然观认为“一切差异都在中间阶段融合，一切对立都经过中间环节而互相过渡”[3]，而唯一的最高度地适应自然观这一发展阶段的思维方式就是辩证法。辩证法并不排斥非此即彼，作为此彼两极当然是存

① 马克思、恩格斯著，中共中央马克思恩格斯列宁斯大林著作编译局译：《马克思恩格斯全集》第26卷第三册，人民出版社1974年版，第348页。

② 马克思、恩格斯著，中共中央马克思恩格斯列宁斯大林著作编译局译：《马克思恩格斯全集》第20卷，人民出版社1971年版，第615页。

③ 马克思、恩格斯著，中共中央马克思恩格斯列宁斯大林著作编译局译：《马克思恩格斯全集》第20卷，人民出版社1971年版，第554页。

在的，但它不知道什么绝对分明的和固定不变的界限，不知道什么无条件的普遍有效的非此即彼。“除了‘非此即彼！’，又在适当的地方承认‘亦此亦彼！’，并且使对立互为中介”①，这个“适当的地方”，就是对立面相互转化过程中的中间环节、中间阶段。

四、相互贯通的方法论意义

世界上各种对立的事物、现象及关系，不仅相互依存，而且相互贯通，有着由此达彼的桥梁。每一对立面，都不会是纯之又纯的，也不会是静止不动的。马克思和恩格斯把对立面相互贯通的认识看作辩证法的重要内容和特征，看作否定绝对化和凝固化的形而上学观点的重要依据。

在革命年代，毛泽东同志指出，反动阶级以及为他们服务的形而上学，把对立的事物“当作死的、凝固的东西去看，并且把这种错误的看法到处宣传，迷惑人民群众，以达其继续统治的目的”，而“共产党人的任务就在于揭露反动派和形而上学的错误思想，宣传事物的本来的辩证法，促成事物的转化，达到革命的目的”②。在今天，我们的条件和任务与过去不同了，但仍然需要反对绝对化、凝固化的形而上学，宣传事物

① 马克思、恩格斯著，中共中央马克思恩格斯列宁斯大林著作编译局译：《马克思恩格斯全集》第 20 卷，人民出版社 1971 年版，第 554—555 页。“并且使对立互为中介”一句，翻译有误。傅杰青同志指出了这一点，认为应译作“通过中介连接对立”（见《中国社会科学》1982 年第 2 期第 218 页）。我赞同这一见解，但他认为马克思主义经典作家没有提过对立面“互为中介”命题，则为我所不敢苟同。恩格斯在本段文字中要表达的是中间环节在两极间起中介作用，如果把中间环节定为 P，两极为 A、B，那就是 A—P—B 或 B—P—A。而“使对立互为中介”是指对立一方成为另一方的中介，互为中介就是 A—B—A′和 B—A—B′，这是我们在对立面互为媒介（第三章第二节）中讲的意思，放在本段文字中，则把意思弄得似是而非了。

② 《毛泽东选集》第 1 卷，人民出版社 1991 年版，第 330 页。

本来的辩证法。只有坚决地做到照辩证法办事，才能实现建设社会主义现代化的中国的宏伟目标。

对于对立面相互贯通在实践中的应用及其意义，应该明确以下几点。

第一，必须区别相互渗透和相互转化。

应当看到，相互渗透和相互转化有相同之处，又有很大的不同。相互渗透，是一方中包含有另一方的成分、因素、种子、萌芽等，造成此方特征有所模糊，双方不免有些混淆，但是，此方的本质并未改变，此方的规定和特征并不丧失。而相互转化是一方向另一方的转变，此方原有规定和特征完全失去，新的规定和特征完全获得，此方的本质根本改变。明确区分这两种不同的贯通，在实践中无疑具有重大意义。

在共产主义的初级阶段上，已经包含有共产主义高级阶段的萌芽、种子，这是不言而喻的。但是 20 世纪 50 年代后期，在我国社会主义制度建立后不久，却把这种渗入或包含当作了转化的开始，在条件根本不成熟的情况下提出要“提前进入共产主义”。这种错误根源之一，就在于混淆了渗透和转化的原则区别。

同样的错误也发生在对资本主义社会的认识上。有些同志因为资本主义社会的生产社会化程度有进一步提高以及其他一些现象的出现，就在对资本主义社会的本质认识上发生了模糊，似乎资本主义已经不再是资本主义，似乎资本主义比社会主义还“社会主义”。这种错误认识不懂得，从一种社会形态到另一种社会形态必须通过革命实现转化，离开了这种转化，即使资本主义发展到了“社会主义的入口”[①]，资本主义也还是资本主义，而且恰恰是更加极端化了的资本主义。

区分渗透和转化，是我们制定政策时的重要哲学依据。在各种现实矛盾的运动中，分清是某种成分或因素的渗透，还是质的根本转化这两种不同的情况，根据不同情况确定不同性质，实行不同的政策。在工作中注意和学会区分渗透和转化，对于掌握政策大有好处。

第二，必须区别相互转化的不同情况。

这里，结合马克思和恩格斯所述相互转化的同时性和非同时性，着重谈一谈区分同时性的相互转化和非同时性的相互转化，建立非同时性相互转化认识的意义。

以往我们讲到对立面相互转化，大多是讲同时性的相互转化，对于非同时性的相互转化，或是把它混于同时性相互转化，或是以为这种对立面相互转化，其对立面是“非现实的”，因而不必多加关注。

其实，这类非同时性的相互转化以及相互转化的对立面，都是很现实的。因为它们在客观世界矛盾运动中活生生地存在着，而且还是大量地、广泛地存在着。只不过它们的存在不表现为“当下”的而表现为历史的，不表现为“静观”的而表现为运动中的。过去常常被用来当作同时性相互转化的例子，如和平转化为战争、战争转化为和平等，正是非同时性相互转化的例子。我们难道能说它们不是现实的吗？

非同时性相互转化最直接和最明显的理论意义，是它使得否定之否定规律，在辩证法最根本规律即对立统一规律上获得理论支持和说

---

① 列宁著，中共中央马克思恩格斯列宁斯大林著作编译局译：《列宁全集》第 25 卷，人民出版社 1958 年版，第 349 页。

明。否定之否定规律运动轨迹，正是一种非同时性的相互转化：由肯定走向否定是第一次转化；由否定走向否定之否定是第二次转化；否定之否定的完成，从对立面关系上看，恰是非同时性转化的完成。

建立非同时性相互转化的认识，对于我们想问题、做工作都很有好处。

例如对社会发展趋势的认识。人类社会从公有制转化为私有制，私有制发展到资本主义所有制，在资本主义所有制下社会生产力的进一步发展，成为摧毁这种所有制从而实现由私有制向更高阶段公有制发展的物质力量。历史完成公有制和私有制的“相互”转化，走着自己的步伐。今天，共产主义运动正在世界范围内向前发展，它虽然有过并且还会有许多挫折和曲折，但共产主义必然胜利，公有制必定战胜私有制，这是不可改变的历史趋势和客观规律。在这个问题上，如果用“同时性”的相互转化来认识，或是抽象地谈“相互”转化，都是远远不够的。那样容易造成一种错觉，似乎在今天还仍然是公有制转向私有制、私有制转向公有制，两种转化等量齐观、并驾齐驱，看不出发展的规律，看不出历史的必然性。从“非同时性”相互转化来认识就很清楚，历史步伐早已迈过了由公有制向私有制的转化，当今正处在由私有制向公有制的转化中，相互转化是历史地完成的。由此，便能够树立起共产主义的坚定信念。

非同时性相互转化的认识，还将大大开阔我们在实践中运用转化理论的领域。例如在日常经济生活中，经济活动的正常运转要求变换不同形态，经历不同阶段。我们要研究和解决形态和阶段变换中的问题，这里面大量的问题就是转化的问题，转化的条件、转化的时机、转化的实现等。在这点上，我们应该很好地向马克思学习，马克思在资本运动的研究上，为我们树立了如何应用辩证法的对立面相互转化理论于日常经济活动中的杰出典范。

第三，必须抓好“中间环节”。

在阶级斗争中，中间阶级作为“中间环节”具有特殊意义。中间阶级在每一时期中的态度和动向，常常成为该时期政治气候的晴雨表。一个成熟的政党或政治家，总是非常注意并非常善于通过对中间阶级态度和动向的了解，来准确估计全局，了解对立方面的态度和动向。中间环节连接两端，存在两种发展的可能性，所以对全局影响极大，争取中间阶级问题是政治斗争中的重大问题。中国革命成功的法宝之一就在于解决好了这个问题。德国的拉萨尔曾把中间阶级斥为“反动的一帮”，恩格斯指出，这“是完全错误的”[①]。马克思写了著名的《哥达纲领批判》，对这一愚蠢的和极端有害的观点进行了驳斥。

转化中的“中间阶段”，对于转化即一极向另一极过渡的完成，有着十分重要的意义。抗日战争爆发后不久，毛泽东同志在《论持久战》中描绘了战争趋势的三阶段，其中讲到，第二阶段为战略相持阶段，“这个第二阶段是整个战争的过渡阶段，也将是最困难的时期，然而它是转变的枢纽。中国将变为独立国，还是沦为殖民地，不决定于第一阶段大城市之是否丧失，而决定于第二阶段全民族努力的程度。如能坚持抗战，坚持统一战线和坚持持久战，中国将在此阶段中获得转弱为强的力量。中国抗战的三幕戏，这是第二幕。由于全体演员的努力，最精彩的结幕便能很好地演出来”[②]。这里生动地说明了“第二幕”和“结幕”的关系，

① 马克思、恩格斯著，中共中央马克思恩格斯列宁斯大林著作编译局译：《马克思恩格斯全集》第 38 卷，人民出版社 1972 年版，第 175 页。

② 《毛泽东选集》第 2 卷，人民出版社 1991 年版，第 465 页。

指出了中间阶段作为“转变的枢纽”的重要地位，也指出了这一过渡阶段将是困难的痛苦的时期，熬过这段艰难路程十分不易。

我们很熟悉“抓两头，带中间”的工作方法，其实，除了“抓两头，带中间”外，还得“抓中间，通两端”，这也应该摆到工作方法的重要位置上来。在经济政治体制改革问题上，中央决心大，群众要求强烈，但如果没有中间的各级机关和干部的积极性，“两头热，中间冷”，改革就难以顺利进行。在全面体制改革中，相应地改革干部制度，大力加强对干部的训练和培养，未尝不可看作是解决中间环节的重大措施。科学要变成现实的生产力，必须通过应用技术这一中间环节，这是我们现在要求加强基础科学研究的同时特别强调应用科学技术研究的根本原因。中央的正确路线、方针、政策要在实践中变成事实，也要经过中间环节，中间环节的状况如何，对于能否“落实”关系极大。在坚持中央集中统一领导前提下，各地方各部门充分发挥积极性和主动性，解放思想，调查研究，实事求是，研究新情况，解决新问题，发挥创造精神，把中央的路线、方针、政策与本地方本部门的实际结合起来，化为切实可行的计划、方案、措施、办法，并在实践中实施，那样，中央的路线方针政策就能在实践中真正落实。如果只是“收发室”和“传达室”那样照抄照转，结果就只会落空。

中间环节在自然科学研究上也具有重要意义。由于它兼具两极的部分特征，所以是探索两极的重要手段，可以通过对中间环节的认识来预测极端的大概，也可以通过中间环节的实现来摸索由一极达到另一极的途径。反过来，又可以通过对两极的认识来预测中间环节。门捷列夫的化学元素周期表，两边分别是惰性元素和最活跃元素，中间诸元素逐次构成中间环节系列。他从这种规律性中，预言了当时表中的空白是一些未发现的元素,并预言了这些元素的原子量、特性、化合物特性以及发现这些元素的方法。后来这些预言得到了证实。这是在自然科学研究中运用两极和中间环节关系的一个很好的例子。

对立面相互贯通及其具体形式相互渗透和相互转化,在实践中的应用是很广泛的,我们这里只谈了其中三点,对于一些虽重要但我们平常已经讲得较多较充分的问题,就不谈了。

第五章　对立面内部的直接同一

我们由矛盾的原始直接同一进入间接同一，并逐层展开了它的四种具体方式，看到对立的相对性在间接同一性中获得了多种不同方式的表现。至此，是否可以结束矛盾同一性的表现和方式问题的讨论了呢？还不行。因为还有在每一对立面内部的直接同一性的问题。只有在考察了这种直接同一性之后，我们才会对直接同一性有较完整的了解，才会对直接同一性和间接同一性的关系有较完整的了解，也才会对整个矛盾同一性有较完整的了解。

一、直接同一性Ⅱ的基本含义

我们把矛盾的每一对立面内部的直接同一性，简称为直接同一性Ⅱ。

马克思在《政治经济学批判·导言》中论述的生产和消费的直接同一性，就是这种直接同一性Ⅱ的典型例子。

马克思说："(1)直接的同一性：生产是消费；消费是生产。消费的生产。生产的消费。”①生产直接也是消费，一方面是生产者在生产行为中支出和消耗自己的能力，另一方面是生产资料的使用、消耗。消费直接也是生产，任何消费例如吃喝，都以这种或那种形式从某一方面来生产人。“可见，生产直接是消费，消费直接是生产。每一方直接是它的对方。”②

马克思又指出：“提出生产的消费这个规定，只是为了把与生产同一的消费跟原来意义上的消费区别开来，后面这种消费被理解为起消灭作用的与生产相对的对立面。”③同样，“消费的生产——虽然它是生产和消费的直接统一 ——是与原来意义上的生产根本不同的”④。由此，马克思做出极为重要的论断：“生产同消费合一和消费同生产合一的这种直接统一，并不排斥它们直接是两个东西。”⑤

马克思关于商品和货币的关系中的直接同一性Ⅱ的论述，是又一典型例子。

在商品和货币这对矛盾中，商品的使用价值和价值的内在统一，获得了外部的表现，即相反地表现在两极上，在商品一极是使用价值，在货币一极是交换价值（价值）。这是间接同一性。然而，这种“直接分

---

① 马克思、恩格斯著，中共中央马克思恩格斯列宁斯大林著作编译局译：《马克思恩格斯全集》第46卷上册，人民出版社1979年版，第30页。

② 马克思、恩格斯著，中共中央马克思恩格斯列宁斯大林著作编译局译：《马克思恩格斯全集》第46卷上册，人民出版社1979年版，第28页。

③ 马克思、恩格斯著，中共中央马克思恩格斯列宁斯大林著作编译局译：《马克思恩格斯全集》第46卷上册，人民出版社1979年版，第27页。

④ 马克思、恩格斯著，中共中央马克思恩格斯列宁斯大林著作编译局译：《马克思恩格斯全集》第46卷上册，人民出版社1979年版，第28页。

⑤ 马克思、恩格斯著，中共中央马克思恩格斯列宁斯大林著作编译局译：《马克思恩格斯全集》第46卷上册，人民出版社1979年版，第28页。

离”的间接同一,并不排斥其中每一极内又有着“直接重合”,商品和货币“对立的两方又都是商品,所以都是使用价值和价值的统一”①。商品一极是使用价值和价值,货币一极是价值和使用价值,每一极都是自身和自身否定的直接合一。

但这直接合一的两种因素中,情况是很不一样的。商品一极实际上是使用价值,它具有的价值的性质只是“观念地表现在价格上”②。货币一极实际上就是交换价值,“它的使用价值同它作为流通手段的规定合而为一了”③。也就是说它除了表现交换价值外,没有自己的别的什么使用价值了。

从马克思的论述中,可以看出直接同一性Ⅱ的基本含义在于:

第一,“每一方直接是它的对方”,两方“直接重合”“合而为一”。这是直接同一性的最基本的规定,是任何直接同一性都具有的共性。直接同一性Ⅰ具备这一规定,直接同一性Ⅱ首先也必须具备这一规定,才能成为直接同一性。

第二,直接同一性Ⅱ是在间接同一性建立后出现的、与间接同一性并存的一种直接同一性。这是它与存在于间接同一性建立之前的直接同一性Ⅰ的一个重大区别。

第三,直接同一性Ⅱ只存在于矛盾对立双方的每一方各自内部,不是存在于矛盾对立双方之间,因而不是矛盾总体上的一种同一性。这

---

① 马克思著,中共中央马克思恩格斯列宁斯大林著作编译局译:《资本论》第1卷,人民出版社1975年版,第83页。

② 马克思著,中共中央马克思恩格斯列宁斯大林著作编译局译:《资本论》第1卷,人民出版社1975年版,第83页。

③ 马克思、恩格斯著,中共中央马克思恩格斯列宁斯大林著作编译局译:《马克思恩格斯全集》第46卷上册,人民出版社1979年版,第176页。

是它跟直接同一性Ⅰ的又一重大区别。这也是直接同一性Ⅱ能够与间接同一性同时并存的必要前提，用马克思的话来说，就是这种合而为一并不排斥矛盾双方的直接两立，直接重合同时又能够直接分离。在每一对立面内部的合而为一、直接重合，在两个对立面之间的直接两立、直接分离。

第四，直接同一性Ⅱ由于是每个对立面中的直接同一，所以其直接同一的两个因素的地位和状况有很大的不同。一个因素正好是矛盾极性的表现方面，它获得了正面的充分表现。另一个因素则是矛盾极性的反面规定方面，因而表现出与对极、与另一极间的一定联系，又由于它毕竟不是对极、另一极，而只是此极的反面规定，只存在于此极之中，因而在内容上与对极、另一极有很大的不同。生产和消费两极的每一极都是直接同一的，以生产一极来说，生产是它的正面规定，生产的消费则是它的反面规定，作为生产的消费与消费有着一定联系，但它只是生产中的消费，与本来意义上的消费是不同的。这一点，是理解直接同一性Ⅱ不是矛盾总体上的同一性，而只存在于矛盾对立两极的每一极之中的关键。

马克思主义的直接同一性Ⅱ思想，也是对黑格尔辩证法的批判继承。黑格尔对直接同一性Ⅱ有深刻的研究和广泛的运用。了解黑格尔的有关思想，对理解直接同一性Ⅱ很有好处。

马克思在论述生产和消费的直接同一性Ⅱ时说："生产和消费的这种同一性，归结为斯宾诺莎的命题：'规定即否定'。"[①]恩格斯在他的著

① 马克思、恩格斯著，中共中央马克思恩格斯列宁斯大林著作编译局译：《马克思恩格斯全集》第46卷上册，人民出版社1979年版，第27页。

作中也曾十分欣赏地引用了这一命题。规定即否定，就是一方直接是它的对方。斯宾诺莎在1674年6月2日给雅里希·那勒斯的信中提出了这一命题，然而却是经过了黑格尔对其辩证内容的透彻的解释和发挥后，才成了辩证法的著名命题的。

直接同一性Ⅱ，是黑格尔整个哲学体系的辩证方法的重要组成部分。马克思曾在《哲学的贫困》中对此做过准确的概括和说明。马克思认为黑格尔哲学体系中范畴的辩证运动就是：首先理性进行自我肯定，把自己形成为某种特定的范畴，然后，“理性一旦把自己作为正题安置下来，这个正题、这个思想就会自相对置，分为两个互相矛盾的思想，即肯定和否定，‘是’和‘否’。这两个包含在反题中的对抗因素的斗争，形成辩证运动。‘是’转化为‘否’，‘否’转化为‘是’。‘是’同时成为‘是’和‘否’，‘否’同时成为‘否’和‘是’”[①]。在反题中，在思想的自相对置中，“是”和“否”构成了矛盾的两个对立方面，其中每一方面又都有二重性，都是二重性的合一。这就是运用于黑格尔体系中的直接同一性Ⅱ。

黑格尔在他的《逻辑学》中对直接同一性Ⅱ的特征，做了较深刻的说明。他写道：“那既肯定又否定的东西，既不只是建立起来的东西，也不仅是漠不相关的东西，而是它们的建立起来之有，或者说是那和他物在一个统一中的关系，它们本身并不就是那个关系，那个关系却是缩退到它们每一个里面去了。”[②]这段论述比较晦涩难懂，可以用我们的语言做些解释：此物“和他物在一个统一中的关系”，即矛盾的间接同一；那“既肯定又否定的东西”，即矛盾的直接同一。黑格尔的意思是，那既

---

① 马克思、恩格斯著，中共中央马克思恩格斯列宁斯大林著作编译局译，《马克思恩格斯全集》第4卷，人民出版社1958年版，第142页。

② [德]黑格尔著，杨一之译：《逻辑学》下卷，商务印书馆1976年版，第49页。

肯定又否定的东西，直接同一的东西，“并不就是”矛盾间接同一的“那个关系”，但又与那个关系密切相关，因为直接同一是以自己的方式即以“缩退”的方式、以在“每一个里面”的方式，来表现“那个关系”，表现矛盾两个对立面间的联系。或者说，“那个关系”以“缩退”的方式存在于对立面的“每一个里面”。

关于矛盾的直接同一性Ⅱ，我国哲学界近些年来有所研究，看法不甚统一。

一种看法认为直接同一性，就是指的“共同性”“共同点”。在讨论和研究的最初一段时期中，持这种看法的较多，之后也还有一些同志继续支持这种看法。

对立双方有没有共同点、这些共同点叫不叫矛盾的同一性、这些共同点是不是矛盾同一性的基础以及有关“共同点”的其他种种问题，都可以并且很有必要加以研究和讨论，但是马克思、恩格斯从来没有把对立面存在某些共同点这种情形称之为“直接同一性”。如前所述，直接同一性区别于间接同一性的根本特征，并不在于“共同性”，而在于它的直接性(即无中介性)，在其中对立面是直接重合，直接地合而为一，一方直接就是它的对方。在这一点上，直接同一性Ⅰ也好，直接同一性Ⅱ也好，并无例外。

当我们讲这方与对方有共同点，“规定”与“否定”有共同点等的时候，我们显然在前提上已经假定了这时对立双方已经各自取得了“独立的形式”，成为矛盾中的“外部的独立的东西”了，它们之间的“内部的统一”已是“运动于外部的对立之中”了。因为只有这样，才可能就对立双方做某种比较，提出有无共同性或共同点的问题。所以这时如果说有共同点，如果这种共同点也是矛盾同一性的一种含义，那么，它恰好不是直接同一性而是一种间接同一性。

有的同志不同意这个结论，认为直接同一性是以共同性为基础，由于有共同性才有“直接同一”，直接同一性中的共同性要比间接同一性中的共同性大得多，并由此断言“直接同一也就是共同点”。直接同一性是什么和直接同一性以什么为基础，这是两个问题，不应混同。而且，既然承认共同性、共同点是直接同一性的基础也是间接同一性的基础，那么由此合乎逻辑地得出的结论应该是：共同性或共同点是一切矛盾同一性的基础，而绝不是直接同一性区别于间接同一性的特征。

另一种看法认为，直接同一性Ⅱ并不存在于对立面的每一方中，而是存在于对立面之间。

这一观点把间接同一性和直接同一性Ⅱ都作为矛盾对立面“之间”的、即矛盾总体联结上的同一性，这就陷入了不可解决的逻辑矛盾之中：在总体上是直接重合的东西又如何同时在总体上直接两立；在总体上是直接两立的东西又如何同时在总体上直接重合。如果承认直接两立，就不能不排除直接重合，直接同一无从谈起。如果承认直接重合，就只好排除直接两立，那么矛盾的间接同一又无从谈起。在总体联结上又是直接两立又是直接重合，那只能成为玄之又玄不可捉摸的联系了。

这种理解离开了马克思在论述直接同一性Ⅱ时一再强调的东西。马克思在论述生产和消费的直接同一时明白地讲了，在生产的一端是生产和生产的消费合而为一，在消费的一端是消费和消费的生产合而为一，直接同一是在两端的各自内部。讲商品和货币时，指出这“对立的两方”又“都是”使用价值和价值的统一，也是讲的两端的各自内部。

这种观点担心如果直接同一性Ⅱ作为每个对立面内部的直接同

一，就会使两极的极性得不到体现，“认为对立面的直接同一性存在于每一方之中，也就是把两种相反的本质放在一极的本质之中，这一极的本质也就不是这一极的本质了”。这种担心是不必要的。关于这一点，马克思做过极好的说明。在商品和货币中，由于对立的两方都是使用价值和价值的统一，所以各自内部有着直接同一性Ⅱ，“但是差别物的这种统一，对两极来说，却是相反地表现在每一极上”[①]。产生这种担心的原因在于对直接同一的两个方面中的反面规定缺乏准确的理解。在生产和消费的矛盾中，生产一端内部直接同一的两个方面是生产和生产的消费，这个“生产的消费”并非原来意义上的消费，所以这种直接同一不会消融生产和原来意义上的消费之间的对立，只会由于得到来自反面的规定而加强了生产一端的极性。

二、直接同一性Ⅱ存在的普遍性

直接同一性Ⅱ的存在是不是普遍的呢？为了回答这一问题，我们不妨先举一些例子。

化合和分解。在化学过程中，化合和分解不仅互为对立方面：化合与分解对立，分解与化合对立；而且在一定意义上，每一方同时又是它的对方：化合本身就是分解，分解本身就是化合。水的化合过程 $2H_2+O_2=2H_2O$ 本身也就是 O_2 的分解过程；反过来，水的分解过程 $2H_2O=2H_2+O_2$ 本身也就是 O_2 的化合过程。它们都是同一过程的两个方面。

人和动物。人具有二重本质，自然本质和社会本质，有着自己的自

① 马克思著，中共中央马克思恩格斯列宁斯大林著作编译局译：《资本论》第 1 卷，人民出版社 1975 年版，第 83 页。

然史和社会史。人是由动物的长期进化发展而来的，动物不仅是自然物，也有自己的“社会”——动物社会。人和动物的矛盾中，对立双方都有自己的二重方面，都有直接同一性Ⅱ。但在人的一方，社会本质是其二重方面的主导方面，在动物一方则是自然本质占主导地位，从而社会本质和自然本质的对立成为人和动物两极对立的标志。

劳动和资本，两者不仅互相依存互相贯通，具有间接同一性，而且每一方在一定意义上又直接就是它的对方，有直接同一性Ⅱ。劳动就是资本：工人以自己的劳动能力为自己唯一的资本；资本家购买劳动力后劳动力的实现（在这种关系中现实的劳动）只是作为资本的劳动，只是生产资本的形态。资本也就是劳动：资本是过去劳动的积累，物化劳动，奴役和支配活劳动的死劳动。

唯物论和唯心论。这是对立的两极。然而在一定意义上任何极端又都是它自己的另一极端，“抽象的唯灵论是抽象的唯物主义；抽象的唯物主义是物质的抽象的唯灵论”①。哲学唯心主义是把认识的某一特征、方面，部分片面地、夸大地发展（膨胀、扩大）为脱离了物质的、脱离了自然的、神化了的绝对。像黑格尔那样的唯心论甚至比一般唯物主义更接近于客观实际，是“抽象”形态上的唯物主义的典型。反之，一些经济学家“把人们的社会生产关系和受这些关系支配的物所获得的规定性看作物的自然属性，这种粗俗的唯物主义，是一种同样粗俗的唯心主义，甚至是一种拜物教，它把社会关系作为物的内在规定归之于

---

① 马克思、恩格斯著，中共中央马克思恩格斯列宁斯大林著作编译局译：《马克思恩格斯全集》第1卷，人民出版社1956年版，第355页。

物,从而使物神秘化"[①]。

一般和个别。列宁说:"对立面(个别跟一般相对立)是同一的:个别一定与一般相联而存在。一般只能在个别中存在,只能通过个别而存在。任何个别(不论怎样)都是一般。任何一般都是个别的(一部分,或一方面,或本质)。"[②]列宁这里阐述的正是一般与个别矛盾中的直接同一性Ⅱ。

优点和缺点。优点和缺点是对立统一的。在一定意义上,优点是优点又是缺点,缺点是缺点又是优点,具有直接同一性Ⅱ。毛泽东同志对我们国家的分析,不仅一分为二地指出了我们国家有优点方面和缺点方面,而且指出无论优点方面还是缺点方面又各有其二重性。他在《论十大关系》中指出:"我认为,中国有两条缺点,同时又是两条优点","我们这两条缺点,也是优点"[③]。

政治和经济。经济决定政治,政治对于经济又有强大的反作用,恩格斯说:"如果政治权力在经济上是无能为力的,那末我们又为什么要为无产阶级的政治专政而斗争呢?"紧接着,他又做了一点重要补充:"暴力(即国家权力)也是一种经济力量!"[④]暴力,是政治力量,然而同时也是一种经济力量。恩格斯在补充中所讲的,正是直接同一性Ⅱ在政治一端的表现。

---

① 马克思、恩格斯著,中共中央马克思恩格斯列宁斯大林著作编译局译:《马克思恩格斯全集》第46卷下册,人民出版社1980年版,第202页。

② 列宁著,中共中央马克思恩格斯列宁斯大林著作编译局译:《列宁全集》第38卷,人民出版社1959年版,第409页。

③ 《毛泽东著作选读》下册,人民出版社1986年版,第742—743页。

④ 马克思、恩格斯著,中共中央马克思恩格斯列宁斯大林著作编译局译:《马克思恩格斯全集》第37卷,人民出版社1971年版,第490—491页。

劳动和享受。劳动作为一种严肃紧张的活动，与娱乐消遣的享受相对立。然而，两者又有直接同一性Ⅱ，正常人不仅有享受安逸的需求，而且有“从事一份正常的劳动和停止安逸的需求”[1]，对于人类来说，劳动本身又是一定意义上的享受。私有制条件下，劳动和享受两极分裂，发展为痛苦和欢乐的对立，从而使劳动的享受意义几乎丧失殆尽。“在合理的制度下”，当劳动摆脱了外在强制性成为真正自由劳动的时候，“劳动就能恢复它的本来面目，成为一种享受”[2]。

这样的例子，还可以举出许多。但只是归纳不等于辩证法。问题是，为什么会有这种直接同一性Ⅱ呢？从理论上回答了这一问题，解决了直接同一性Ⅱ存在的根据，也就从根本上解决了它的存在的普遍性问题。

直接同一性Ⅱ，是由矛盾本性所决定，在矛盾形成中产生的。

矛盾是对立面的统一。对立面是同一个统一体中的对立方面，只具有相对的性质。对立面内部具有直接同一性Ⅱ，正在于这些对立面只是一个统一体的内部差别和对立。生产和消费的矛盾中，生产方面又有着消费的意义，消费方面又有着生产的意义，这种情况的根本原因，就在于它们并非互不相干的东西，而是人类生活中的两个方面，如马克思所说，是“一个行为的两个要素”[3]，“一个总体的各个环节、一个

---

① 马克思、恩格斯著，中共中央马克思恩格斯列宁斯大林著作编译局译：《马克思恩格斯全集》第46卷下册，人民出版社1980年版，第112页。

② 马克思、恩格斯著，中共中央马克思恩格斯列宁斯大林著作编译局译：《马克思恩格斯全集》第1卷，人民出版社1956年版，第578页。

③ 马克思、恩格斯著，中共中央马克思恩格斯列宁斯大林著作编译局译：《马克思恩格斯全集》第46卷上册，人民出版社1979年版，第31页。

统一体内部的差别”①。这两种因素、环节、差别，由于是一个统一体中的，它们不仅可以分别分配于对立的两个方面上，也可以同时把两者分配于对立的两个方面上，每个方面只是由于各自所具有的因素中占主导地位因素的不同而呈现出不同的极性来。

直接同一性Ⅱ是在矛盾形成中产生的。它直接来源于矛盾萌芽期的直接同一性Ⅰ。矛盾在萌发期间，内部具有原始的直接同一，但随着矛盾内部的搏动，矛盾内部的两个方面由内在差别逐步发展而形成外部直接两立的对立面。这时，一方面，由于直接两立的两个对立面之间已不可能再是一方直接是它的对方，矛盾总体上不再是直接的合一，直接同一性就失去了存在的条件，出现了矛盾间接同一性的诸种表现。另一方面，矛盾的直接同一性Ⅰ又改变了自己的形式而出现在新的条件之中，即在每一对立面之中得到了继续的存在，从而在总体上已是间接同一性的情况下得到了保留。商品是使用价值和交换价值的统一，有着原始的直接同一性，当商品发展到一定程度，出现了商品和货币的外在对立后，在商品一端表现为使用价值，货币一端表现为交换价值（价值）。但无论哪一端，其内部都有使用价值和价值的二重性，这就是直接同一性Ⅱ。商品和货币是从商品发展而来，它们各自内部的二重性也是商品的原初的二重性带来的。当然，保留在直接同一性Ⅱ中的二重性，已经在很大程度上改变了原来的形象，但也正因为有了这种改变，才使得它能够继续保留，也才使得在商品一端表现为使用价值，在货币一端表现为交换价值（价值），各把自己的另一重性表现于对方。

---

① 马克思、恩格斯著，中共中央马克思恩格斯列宁斯大林著作编译局译：《马克思恩格斯全集》第46卷上册，人民出版社1979年版，第36页。

所以，直接同一性Ⅰ是直接同一性Ⅱ的前提和基础，没有直接同一性Ⅰ，也就没有直接同一性Ⅱ。直接同一性Ⅱ是对直接同一性Ⅰ的一种扬弃，它保留了直接同一性Ⅰ的直接性，克服了它在存在条件上的限制即矛盾初起阶段和矛盾总体上存在的限制。了解这一点，直接同一性Ⅱ的存在依据和普遍性便得到了相当有力的说明。

在直接同一性Ⅱ的普遍性问题上，也有着不同的看法。有的同志认为直接同一性Ⅱ只为某些矛盾所具有，“并不是普遍的情形”，例如不能说无产阶级就是资产阶级，革命就是反革命，坏事就是好事，真理就是谬误等。持这种观点的同志不少。

不能说无产阶级就是资产阶级，革命就是反革命，坏事就是好事，真理就是谬误等，当然如此。但是这些说法说的并不是直接同一性Ⅱ。表面上看，这类说法是套用直接同一性的“一方直接就是它的对方”公式而来的，似乎应该是直接同一性Ⅱ，它们所表现出的荒谬性，也应该是直接同一性Ⅱ的荒谬性。其实不然。

问题在于，这些说法离开了我们已经反复强调的直接同一性Ⅱ只是矛盾双方每一方各自内部的直接同一性的基本规定，而把直接同一性Ⅱ说成是“矛盾双方”“对立面之间”的直接同一性，说成是矛盾总体联结上的直接同一性了。这些说法也忽略了在直接同一性Ⅱ中，每极里的反面规定在内容上是与该极的对极有所不同的，而把直接同一性Ⅱ说成是本来意义的一方直接就是它的本来意义的对方了。那样的“直接同一性Ⅱ”，不仅没有普遍性，而且可以说连一个都没有。马克思的直接同一性Ⅱ的典型实例“生产就是消费”，要是从生产和消费的矛盾总体联结上来理解，从本来意义上的生产和本来意义上的消费来理解，同样是不能成立的。说吃饭就是种粮食，种粮食就是吃饭，这同说

“无产阶级就是资产阶级”等，不是同样荒谬吗？

如果严格地在直接同一性Ⅱ的科学规定上讲，那么像无产阶级和资产阶级这些矛盾中也是有直接同一性Ⅱ的。无产阶级和资产阶级，是雇佣劳动和资本的人格化，所以这对矛盾在本质上也就是雇佣劳动和资本的矛盾。雇佣劳动和资本的直接同一性Ⅱ，马克思本人就做过多次的、详细的和科学的论述。它是指以下两种情形：在劳动一极上是劳动和劳动的资本直接同一，其中反面规定是劳动的资本，雇佣劳动以自身的劳动力为“资本”，这也是他们唯一的资本。显然，这里讲的是劳动一极内部的直接同一，这里的“资本”与原来意义上的资本即资本家用以生产剩余价值的资本是大不相同的。在资本一极上是资本和资本的劳动直接同一，其中反面的规定是“资本的劳动”即“死劳动”。这里又是讲的一极内部的直接同一，这里的“劳动”与本来意义上的劳动即“活劳动”虽然同是劳动，却又有着原则的区别。讲雇佣劳动与资本，无产阶级和资产阶级的矛盾中有直接同一性Ⅱ，与简单地说雇佣劳动就是资本、无产阶级就是资产阶级是根本不同的。

所以，从不能说无产阶级就是资产阶级等出发，不能得出否定直接同一性Ⅱ的普遍性的结论，而是应该得出那些说法本身并不是直接同一性Ⅱ的结论。

看来，全部地否认直接同一性Ⅱ也好，部分地否认直接同一性Ⅱ即否认它的普遍性也好，问题都是对于直接同一性Ⅱ到底是什么并没有弄得太清楚，这就需要我们认真向马克思请教，在这个根本问题上统一了思想，其他就好办了。

早在黑格尔时代，就有人对直接同一性命题“有即是无”表示不以为然。黑格尔在他的《小逻辑》等著作中专门做了驳斥，并指出这种否定观点是“表象或理智的观点”[①]。这一点值得我们注意。

三、直接同一性Ⅱ和间接同一性的关系

直接同一性Ⅱ和间接同一性的关系，是一个重要问题。对我国哲学界来说还是个新问题。这个问题在前两节中虽已有所涉及，但还有必要专门做一论述。

黑格尔在《小逻辑》中曾就直接性和间接性关系做了很精辟的论述。他说：“直接性与间接性两环节表面上虽有区别，但两者实际上不可缺一，而且有不可分离的联系。”[②]这里虽然不是讲直接同一性和间接同一性的关系，但对认识矛盾同一的直接性和间接性的关系很有好处。直接同一性与间接同一性之间，两者也是“实际上不可缺一，而且有不可分离的联系”的。试从以下三方面来看。

第一，直接同一性Ⅱ和间接同一性同时并存。

前面说过，原始的直接同一与间接同一性的关系，表现为历史性的联系，一种前后相承的纵向联系。直接同一性Ⅱ则不同。直接同一性Ⅱ和间接同一性都是以原始的直接同一为前提和基础，在矛盾形成后产生，同时并存于矛盾体中。

这两种同一性，在表现矛盾对立的相对性上，各有自己的特殊方式，相互不能取代。间接同一性是矛盾总体上的同一性，直接表现了矛盾两个对立面的相对性，因而是矛盾形成后矛盾同一性表现的主要形式。但间接同一性又不是唯一形式，无法取代直接同一性Ⅱ的存在和

---

① [德]黑格尔著，贺麟译：《小逻辑》，商务印书馆1980年版，第195页。
② [德]黑格尔著，贺麟译：《小逻辑》，商务印书馆1980年版，第52页。

作用，因为它不能反映出在每个对立面的内部究竟如何表现对立的相对性。因此，只讲矛盾的间接同一性而不讲直接同一性Ⅱ，对矛盾同一性不做多层次的研究是不够的，是不能完全地反映矛盾形成后的矛盾同一性全貌的。我国哲学界长期以来忽视了直接同一性Ⅱ的存在和作用，满足于间接同一性的研究，这不能不说是一个重大缺陷。

反过来，直接同一性Ⅱ也不能取代间接同一性，道理是一样的。由于现实中并没发生这个问题，所以不必多说了。

直接同一性Ⅱ和间接同一性的同时并存，只是它们相互关系的外观，是较肤浅的表面现象。它们还有着更深的联系，真正“不可缺一”“不可分离”的联系。

第二，直接同一性Ⅱ和间接同一性相互依赖。

直接同一性Ⅱ依赖于间接同一性。直接同一性Ⅱ，作为存在于矛盾每一对立面内部的同一性，以矛盾对立面的存在从而也以矛盾总体上的间接同一的存在为直接前提和必要条件。如果矛盾总体上不是间接同一，而是像原始的直接同一那样，那就没有获得相对独立的对立面，也就更谈不上存在于对立面内部的直接同一性Ⅱ。

间接同一性不仅为直接同一性Ⅱ提供了直接前提和必要条件，而且规定了直接同一性Ⅱ。正是由于矛盾在总体联结上是间接同一的，也就使这时的直接同一性不可能再像原始的直接同一那样存在于总体联结之上，只能存在于对立面的各自内部，以“缩退”的方式来表现矛盾的同一性。

间接同一性也依赖于直接同一性Ⅱ。直接同一性Ⅱ存在于矛盾对立的每一极中，但它在两极上分别表现出相反的方向。每一极都是肯定和否定的直接同一，其肯定方面表现出与对极相反的此极特征，其否定方面并不模糊此极的特征，反而是从相反的角度来加强此极的特征。正因为这样，直接同一性Ⅱ使两极充分显示出相反的极性来。矛盾总体联结上的间接同一性，正是通过每一对立面内部的直接同一性Ⅱ而得到保证和实现的。

马克思在讲商品和货币矛盾时，指出了矛盾两极各自具有直接同一性Ⅱ，“对立的两方又都是商品，所以都是使用价值和价值的统一。但是差别物的这种统一，对两极来说，却是相反地表现在每一极上”，紧接着马克思又加了一句重要的话，“而且正是因为如此，所以同时表现出了它们的相互关系”[①]。这句话所补充的正是直接同一性Ⅱ对间接同一性的作用：“正是因为”两极中的直接同一性Ⅱ，才使两极“表现出了”两极间的相互关系、间接同一。

第三，直接同一性Ⅱ和间接同一性的交接点。

矛盾的间接同一性以它的对立面相互渗透或包含与直接同一性Ⅱ发生交接。所以在了解了间接同一性和直接同一性Ⅱ的一般关系后，还须了解它们之间的特殊关系，即对立面相互渗透或包含与直接同一性Ⅱ的关系。

在这个问题上，我国哲学界中大抵有两种看法。一种是认为对立面的相互包含也就是直接同一性Ⅱ；一种是认为对立面的相互包含是直接同一性Ⅱ存在的原因，“只要对立面的相互包含是存在的，那么，直接同一性就是存在的”。这两种看法都有一定的道理，但又都有进一步完备的必要。下面，我们不妨分别谈一谈。

---

① 马克思著，中共中央马克思恩格斯列宁斯大林著作编译局译：《资本论》第1卷，人民出版社1975年版，第83页。

对立面的相互包含是否就是直接同一性Ⅱ？又是又不是。对立面的相互渗透或包含，是指一极已经作为胚胎存在于另一极中，其典型的说法为“此中有彼，彼中有此”，通俗点说叫作“你中有我，我中有你”。直接同一性，是指一方直接就是它的对方，其典型说法为“此即是彼，彼即是此”。一个是“有”，一个是“是”，两者是不同的。所以，不加条件地说相互渗透或包含就是直接同一性Ⅱ，是有明显缺陷的，它容易导致对直接同一性Ⅱ的误解，把此“即是”彼，理解为此中“有”彼。

但是，“此中有彼”却可以包容“此即是彼”，把它作为自己的一种特殊的情况、特殊的意义。也就是说，有时可以在“此即是彼”的意义上理解“此中有彼”。生产是“生产”和“生产的消费”直接同一，所以生产即(生产的)消费。这里的“生产的消费”，也可说是被包含于生产之中的消费，从而生产之中有消费(生产的消费)。渗透和包含的意义是较广泛的，不能笼统地把一切的包含都等同于直接同一性Ⅱ。但渗透和包含的一种情况，当在“此即是彼”的意义上说“此中有彼”时，它与直接同一性Ⅱ相互一致，发生重叠。只有在这个条件下，认为相互渗透或包含就是直接同一性Ⅱ，才有一定的道理。

之所以说有“一定的”道理，是因为即使此时，相互渗透或包含仍然不能和直接同一性Ⅱ完全等同。相互渗透或包含，是就两个对立面之间的关系而言的，而直接同一性Ⅱ则是就这种情况在一个对立面内部的表现状况而言的。两者所指的客观关系不同，所概括的角度、侧重点不同。所以，笼统地说直接同一性Ⅱ就是相互渗透或包含不确切，特殊地说直接同一性Ⅱ是相互渗透或包含的一部分、一种情况、一种类型也不确切。不如说是直接同一性Ⅱ和相互渗透或包含中的一种情况发生交接为好，在这交接点上，每个对立面内部为直接同一性Ⅱ，在两个对立面之间为相互渗透或包含。

对立面的相互渗透或包含，是否是直接同一性Ⅱ存在的原因？以上所说两者发生交接，实际上也就肯定了它们互为存在的原因。

在“此中有彼”指“此即是彼”的这种特殊情况下，对立面相互渗透或包含确是直接同一性Ⅱ存在的重要原因之一。所谓相互渗透或包含，一是指“先天”获得的性质，一方“已经”作为胚胎存在于另一方，一是指“后天”的一种运动。前者造成了每一对立面内部的直接同一，后者又使直接同一性Ⅱ在矛盾发展中得到加强和扩大。上一节中关于直接同一性Ⅱ存在的根据问题，着重讲了它是由直接同一性Ⅰ发展而来，是对直接同一性Ⅰ的扬弃，这里可以补充一点，直接同一性Ⅱ又是由于对立面的相互渗透或包含，由于间接同一性而得到存在的根据，得到加强和扩大。

但是，只认为对立面相互渗透或包含是直接同一性Ⅱ的原因，还是片面的。事情还有另一面：由于对立面的每一方内具有直接同一性Ⅱ，此即是彼，也就造成了对立面之间的相互渗透或包含。直接同一性Ⅱ反过来也是对立面相互渗透或包含的重要原因之一。有对立面之间的相互包含，就有每一对立面中的直接同一；反过来，有对立面中的直接同一，就有对立面间的相互包含。这里，两者的“不可缺一”“不可分离”的联系暴露得再明显不过了。

四、研究直接同一性Ⅱ的意义

研究直接同一性Ⅱ，具有重要的理论意义和实践意义。

直接同一性Ⅱ是客观地、普遍地存在的。正因为这样，自古以来，国内外都有不少理论家注意到这种同一性的存在，并做了相当准确的描绘和一定程度的研究。唯物辩证法“是从世界本身的原理中为世界阐发新原理”①，更应该正视和认识这种同一性。

在矛盾同一性问题上，如果说直接同一性Ⅰ是在纵的方面，在发展的、历史的方面提出了深入的要求，那么，直接同一性Ⅱ则是在横的方面，在同一矛盾、同一条件、同一阶段上的矛盾不同层次方面提出了深入的要求。它认为只是把握矛盾总体联结上的同一性还是不够的，在每一方内部也还有同一性存在，也还需要研究。毛泽东同志说得好，“为要暴露事物发展过程中的矛盾在其总体上、在其相互联结上的特殊性，就是说暴露事物发展过程的本质，就必须暴露过程中矛盾各方面的特殊性，否则暴露过程的本质成为不可能，这也是我们作研究工作时必须十分注意的”②。直接同一性Ⅱ正是研究矛盾各方内部的同一情况，这种研究是暴露矛盾每方面特殊性所不可缺少的，从而也是暴露过程本质所不可缺少的。

直接同一性Ⅱ的研究，将加深我们对矛盾内部二重性及其关系的理解。世界上的事物无不具有二重性。广义地说，二重性可以是指矛盾的两个对立面，它们之间的同一性是间接的同一性。在二重性的本来意义上则是指两个相“重”即直接合一的方面，它们之间的同一性正是直接同一性。我们以往经常是广泛地使用了二重性范畴，却忽略了它本来的意义，以致只注重了间接同一性，对直接同一性表现出困惑和冷淡，或者把直接同一性解释为间接同一性。

深入对立面内部的同一性研究，有助于改进我们的思想方法和工

① 马克思、恩格斯著，中共中央马克思恩格斯列宁斯大林著作编译局译:《马克思恩格斯全集》第1卷，人民出版社1956年版，第418页。

② 《毛泽东选集》第1卷，人民出版社1991年版，第311页。

作方法，坚持科学的两分法。“一分为二”“两分法”要求我们考虑问题办事情时，要注意两个方面。这不仅意味着在矛盾的对立两方中注意一方还要注意其对方，而且意味着，在每一方中都要注意它的正面规定和反面规定。

在“一分为二”“两分法”的问题上，尽管我们明确地、反复地强调这并不是像切西瓜那样一切两半，但是在实际上却又总是很难摆脱“一切两半”这种简单化的理解和做法。原因在哪里？除了对矛盾的间接同一性做了过于简单的理解外，一个重要原因在于不讲直接同一性Ⅱ。我们党领导中国革命的过程中，接触到了直接同一性Ⅱ领域，在若干具体问题上，毛泽东同志还曾做过相当精彩的阐述。例如在政治和军事关系问题上，提出了“政治是不流血的战争，战争是流血的政治”[①]的著名论断，此外，还提出了在一定意义上，“干就是学习”“歼灭战就是消耗战”“爱国主义就是国际主义”等表现直接同一性Ⅱ思想的命题。可惜这些具体命题没能提高到哲学上做出直接同一性Ⅱ的理论概括。所以，应该承认，直接同一性Ⅱ对于我们来说是陌生的，在理论方面和实践方面都缺乏足够的重视。这样，在贯彻“一分为二”“两分法”时，不能完全摆脱“一切两半”就不足为怪了。这一问题的解决，要靠直接同一性Ⅱ思想的深入研究和宣传普及，以克服表象的肤浅认识，提高人们的辩证思维能力。一个高度文明的民族，是不能没有高度发达的理论思维的。

实践走在前头。当哲学界还在徘徊于直接同一性Ⅱ是否有实践意义，甚至以为它是脱离实际毫无用处的思辨哲学的时候，我们党已经把

① 《毛泽东选集》第2卷，人民出版社1991年版，第480页。

直接同一性Ⅱ思想运用于实践了。党的十一届三中全会以来,党在领导我国社会主义现代化建设中,卓越地运用和发展了马克思主义辩证法,其中也包括了对直接同一性Ⅱ出色的、广泛的应用。

首先应该提出的,是邓小平同志所做出的"社会主义现代化建设是我们当前最大的政治"①的论断。这一论断,对肃清"左"的思想影响,动员和实现全党全国人民把注意力和工作重心转移到以经济建设为中心的现代化建设上来,起了十分重大的作用。然而,这正是一个运用直接同一性Ⅱ的有代表性的命题,它反映了经济和政治关系中,除了具有人们熟悉的间接同一性之外,还有着直接同一性Ⅱ,在一定意义上一方直接就是它的对方。大家记得,在中央刚提出四化建设是最大的、主要的政治时,不少同志曾感到困惑不解,一方面觉得这样提很重要很必要,但另一方面在道理上又老是想不透、说不好。究其认识上的原因,就在于缺少直接同一性的认识和思想训练,只是习惯于用间接同一性来看待经济和政治的关系,不了解除此之外还存在着直接同一性。

在按劳分配问题上,过去实际上没有解决好,问题往往发生在怎样看待劳动表现和政治表现上。邓小平同志在1978年3月指出:"处理分配问题如果主要不是看劳动,而是看政治,那就不是按劳分配,而是按政分配了。总之,只能是按劳,不能是按政,也不能是按资格。"②那么,是不是不顾政治态度呢?也不是。"政治态度也要看,但要讲清楚,政治态度好主要应该表现在为社会主义劳动得好,做出的贡献大。"③就是说,在按劳分配问题上所看的政治态度,主要应该是由劳动表现所

① 《邓小平文选》第2卷,人民出版社1994年版,第163页。
② 《邓小平文选》第2卷,人民出版社1994年版,第101页。
③ 《邓小平文选》第2卷,人民出版社1994年版,第101页。

反映出的政治态度，即和劳动表现相直接同一的政治态度。讲清楚了这一点，就澄清了过去许多思想混乱和政策混乱，解决了真正贯彻社会主义分配原则上的一个长久未得到解决的重大问题。

直接同一性Ⅱ思想在我国社会主义建设中得到广泛运用，从确立指导思想到制定具体方针政策，这一思想都发挥了重大作用。它不再停留于理论的阶段，也不再停留于对某些问题的分析认识上，而是大步地扩展到实践应用这一更重要的领域。这标志着马克思的直接同一性Ⅱ的思想经过我们党发展到了一个新的阶段。所以，现在摆在我国哲学界面前的问题，已经不再是到底直接同一性Ⅱ是否存在、这种同一性有没有意义等问题，而是如何深入研究和广泛宣传直接同一性Ⅱ，使其社会主义现代化建设中得到更好的运用，发挥更大的作用的问题了。

第六章　矛盾同一性和矛盾对立性

矛盾的同一性和对立性的相互关系，是矛盾理论中的又一重要方面。在考察了矛盾同一性的基本规定和基本类型并具体展开了矛盾同一性的各种表现之后，就有必要进一步了解马克思和恩格斯在这一问题上的主要思想。

一、矛盾的对立性

这一节中，我们将会简略介绍马克思、恩格斯关于矛盾对立性的一些重要思想和论述。当然，我们不可能全面地展开，只是限制在研究矛盾同一性和对立性关系所需要且必须涉及的范围内。

第一，对立和矛盾的对立。

对立和矛盾有着十分紧密的关系。在马克思、恩格斯著作中，对立和矛盾常常并提或相互通用。但是，马克思和恩格斯所讲的对立，通常是指矛盾的对立。

马克思对一般的对立和矛盾意义上的对立做了重要的区别。他在《1844 年经济学哲学手稿》中写道："但是，无产和有产的对立，只要还没有把它理解为劳动和资本的对立，它还是一种无关紧要的对立，一种没有从它的能动关系上、它的内在关系上来理解的对立，还没有作为矛盾来理解的对立。这种对立即使没有私有财产的进一步的运动也能以最初的形式表现出来，如在古罗马、土耳其等。所以它还不表现为由私有财产本身规定的对立。但是，作为财产之排除的劳动，即私有财产的主体本质，和作为劳动之排除的资本，即客体化的劳动，——这就是发展到矛盾状态的，因而也是有力地促使这种矛盾状态得到解决的私有财产。”①

有产和无产也是一种对立。但仅仅是“有产”和“无产”，那还只是一种外在的比较，因而是无关紧要的对立。要成为矛盾的对立，矛盾的状态，就必须由外在的对立进到“内在关系”上的对立，由无关紧要的对立进到“能动关系”上的对立，这就是由无产和有产的对立发展为劳动和资本的对立。在劳动和资本的关系中，每一方是对方的否定，却同时又是对方，有着内在的联系。这样的对立，是“私有财产”的矛盾状态，又是有力地促使“私有财产”矛盾解决的能动力量。从马克思的这段论述中看，矛盾的对立，是建立了内在的能动的关系的对立，简单地说也就是统一中的对立。矛盾即对立的统一或统一的对立，两种说法实质一样。

几年后，马克思在《德意志意识形态》中批判“真正的社会主义”时，从另一角度阐述了同样的思想。“真正的社会主义”者在“食利者”和“无产者”的对立中看到了“我们社会中的两极”。马克思批判道，这种对立差不多在一切比较发达的社会生活阶段都存在过，而且从远古时

① 马克思、恩格斯著，中共中央马克思恩格斯列宁斯大林著作编译局译：《马克思恩格斯全集》第42卷，人民出版社1979年版，第117页。

起，所有的道德论者就广泛地谈论过这种对立，“真正的社会主义”者只是“用神圣的哲学语言说出这种关于无产者和食利者对立的滥调”，“用空洞抽象的词句表达这种幼稚的思想”[①]。

恩格斯在《反杜林论》的准备材料中写道：“对立——如果一个事物具有对立，那么它就同自身处在矛盾中，而且它在思想中的表现也是如此。例如，一个事物是它自身，同时又在不断变化，它本身有‘不变’和变’的对立——这就是矛盾。”[②]这里说的对立，也并不是任何的对立，外在的对立，而是指矛盾的对立。恩格斯强调了是“一个事物”具有的对立，是“它同自身”处于矛盾中。变和不变的对立，不是外在的、互不相干的、在第三者立场上的比较，而是“一个事物”本身同时具有的对立，一个统一体中的对立。在《反杜林论》中恩格斯列举了成为矛盾的这类对立的大量例证。

不言而喻，在矛盾同一性和对立性关系中所讲的对立、对立性，是指这类具有内在的能动的关系、在一个统一体中的对立，是矛盾的对立或矛盾中的对立。

第二，矛盾中的对立面，具有相反性要求和相称性要求。

相反性要求，就是说成为对立的两个方面是必须互相反对的。这在黑格尔那里已经说得很清楚。他在《小逻辑》中指出：“在对立中，有差别之物并不是一般的他物，而是与它正相反对的他物”，“每一方都是

---

① 马克思、恩格斯著，中共中央马克思恩格斯列宁斯大林著作编译局译：《马克思恩格斯全集》第 8 卷，人民出版社 1961 年版，第 547—548 页。

② 马克思、恩格斯著，中共中央马克思恩格斯列宁斯大林著作编译局译：《马克思恩格斯全集》第 20 卷，人民出版社 1971 年版，第 672—673 页。

它自己的对方的对方"[①]。

马克思对此做了发挥和补充。相反性不仅限于"质"上互相反对，而且必须地位相称，这就是对立面的相称性要求。互不相称，也构不成对立面。马克思在其著作中多次强调了这一点。例如，马克思指出，在生产资本中的"固定资本和花费在工资上的资本"，"这两种资本并不构成对立面；彼此对立的是固定资本和流动资本，流动资本不仅包括工资，而且包括原料和辅助材料"[②]。

再如，马克思认为，"在利息的形式上，这种和工资雇佣劳动对立的关系却已经消失；因为生息资本就它本身来说，不是以工资雇佣劳动为对方，而是以功能资本为对方"，"生息资本是作为资本所有权，和资本功能相对立的"[③]。"另一方面，企业利润也不和工资雇佣劳动形成对立，而只和利息形成对立。"[④]和工资雇佣劳动相对立的，既不是单独的生息资本，也不是单独的功能资本，而是它们的结合。企业利润加利息，利润，进一步说也就是剩余价值，才是工资雇佣劳动的对立面。而在总利润内部，企业利润和利息二者互相对立。

对立面具有相反性和相称性要求，而不能是任意的，这必须双方"承认"，不能一厢情愿。有些唯心主义者狂妄地宣称整个世界是他的"对立面"，马克思讥讽了这些狂妄之徒："要成为具有全世界历史意义

① [德]黑格尔著，贺麟译：《小逻辑》，商务印书馆1980年版，第254、255页。

② 马克思、恩格斯著，中共中央马克思恩格斯列宁斯大林著作编译局译：《马克思恩格斯全集》第26卷第二册，人民出版社1973年版，第141页。

③ 马克思著，中共中央马克思恩格斯列宁斯大林著作编译局译：《资本论》第3卷，人民出版社1975年版，第431页。

④ 马克思著，中共中央马克思恩格斯列宁斯大林著作编译局译：《资本论》第3卷，人民出版社1975年版，第432页。

的对立面，光由我宣布世界是我的对立面，那是不够的，还必须有另一方面，即必须世界宣布我是它的本质的对立面，把我看成这样并承认我是这样。”①

第三，矛盾对立的范围是十分广泛的。

矛盾对立的范围，是指能够构成为对立面的是些什么东西。在马克思、恩格斯的著作中，充分体现了矛盾对立的广泛性。

一事物所分解的不同部分或不同的组成部分，可以成为矛盾的对立。如总利润中企业利润和利息两个部分的对立，生产资本中固定资本和流动资本两种要素的对立。

两事物之间也可形成矛盾的对立。这有两种情况，其一是原来一事物的内部对立，发展外化为两事物间的对立，如商品中的使用价值和价值的对立发展为商品和货币的对立。其二是在发展中本来没有联系的两事物间建立了联系，形成了对立。由于资本主义势力在世界范围的扩张和中国革命的兴起，使东方的“天朝帝国”成了“欧洲的直接的对立面”②。

事物的不同性质、作用、趋势，也可以构成矛盾的对立。连续性和可分割性的对立，必然性和偶然性的对立，收缩和膨胀的对立，化合和分解的对立等。关于对立趋向，马克思论述过资本主义生产中减少相对劳动人口和增加劳动人口两种对立趋势，“两种趋势都是资本的必然趋势。这两种矛盾的趋势的统一，从而活生生的矛盾，是随着机器的出

① 马克思、恩格斯著，中共中央马克思恩格斯列宁斯大林著作编译局译：《马克思恩格斯全集》第 2 卷，人民出版社 1957 年版，第 183 页。

② 马克思、恩格斯著，中共中央马克思恩格斯列宁斯大林著作编译局译：《马克思恩格斯全集》第 9 卷，人民出版社 1961 年版，第 109 页。

现才出现的”[①]。

在对立构成上逐一列举是很困难的，也是不必要的。然而，应该特别注意和特别加以提出的是，马克思和恩格斯认为，先后经历的两个相反的发展过程或阶段也可以构成对立，成为一对矛盾。这在马克思的著作（例如《资本论》）中几乎俯拾皆是。商品运动“W—G—W”中，“W—G”和“G—W”先后相继，互相对立；资本运动也一样，“G—W—G′”中“G—W”和“W—G′”先后相继，相互对立。恩格斯也认为发展的不同阶段之间可以构成对立。他早在1840年所写的论文中就写道：“条顿狂曾经是我们民族精神发展的一个必要阶段，并且同它后续的阶段构成了对立面，现代的世界观正是奠定在这个对立面上的。”“条顿狂的这个对立面就是南德意志等级会议的世界主义的自由主义。”[②]这里，一个阶段与它的后续阶段构成对立面，表述得十分清楚。

由矛盾对立构成上的广泛性可以得出两点认识。

一是矛盾不只是指实体。因为成为矛盾对立的，不只是一实体所分解的对立部分或它的对立组成部分。矛盾本质上是一种关系，即对立统一关系。对立的性质、作用、趋势、阶段等所构成的矛盾，都是关系；实体与实体之间的对立所构成的矛盾，也是种关系。如果把矛盾范畴只理解为实体范畴，那就大大限制了对立的广泛性，从而大大缩小了矛盾的范围，就不能解释大量的矛盾现象。其实，即使是指矛盾为一实体时，也是指该实体内部的关系。恩格斯很重视自然科学的成就，1867

① 马克思、恩格斯著，中共中央马克思恩格斯列宁斯大林著作编译局译：《马克思恩格斯全集》第46卷下册，人民出版社1980年版，第298页。

② 马克思、恩格斯著，中共中央马克思恩格斯列宁斯大林著作编译局译：《马克思恩格斯全集》第41卷，人民出版社1982年版，第149页。

年，当化学取得巨大进步时，他写信给马克思讲了自己的新见解："从前被描写成可分性的极限的原子，现在只不过是一种关系。"[①]当然，在唯物主义者看来，任何关系都离不开实体，关系也只是存在于实体之中或实体之间的关系，以及它们在思想中的反映。

二是不能简单地以为一个事物只是一个矛盾、一组对立。由于矛盾对立构成上的广泛性，事物与其外部有着多种矛盾关系，在其内部也具有多种矛盾关系，可以在成分、性质、作用、趋势、阶段等各方面形成对立和矛盾。它是复杂的，多方面的。这种复杂性也表现在矛盾对立的多层次上。例如，工资劳动与利润即剩余价值形成对立和矛盾，利润中的企业利润与利息又形成对立和矛盾。又如，社会主义和共产主义，是资产阶级政治经济学"自身产生的对立面"[②]，两者形成矛盾对立。资产阶级政治经济学内部又出现了庸俗政治经济学与完成形态的政治经济学的对立。

第四，对立本身有着发展程度的不同。

标志对立发展不同程度的主要范畴，有差别、对立和极端。我们在前面已分别谈过，这里把它们集中起来，进行简要的回顾，以得到一个总的认识。

差别，是存在于矛盾萌发阶段上的对立性表现。它是对立的、隐蔽的、萌芽的形式，是未展开、未发展的对立。差别的两个方面，只是作为两种对立因素存在，并未获得正式对立的形式，因而又被称为"内在的

---

① 马克思、恩格斯著，中共中央马克思恩格斯列宁斯大林著作编译局译：《马克思恩格斯全集》第31卷，人民出版社1972年版，第309页。

② 马克思、恩格斯著，中共中央马克思恩格斯列宁斯大林著作编译局译：《马克思恩格斯全集》第26卷第三册，人民出版社1974年版，第556页。

差别”以和公开的外部的对立相区别。

当然，这种差别，作为内在差别是矛盾中的差别，是两种对立因素，未展开的、隐蔽的对立，而不是任何两种不同、不一样。正如我们讲，马克思、恩格斯著作中谈的对立，不只是仅仅相反而已，而是矛盾中的对立一样。矛盾中的对立，有着内在关系和能动关系，矛盾中的差别，也有着内在关系和能动关系。

“差别必然发展为对立和矛盾”①。差别发展为对立，内在的对立因素获得了公开的外部的表现，从而成为两个相对独立的对立面，矛盾也就由萌发阶段进入正式形成阶段。

对立面的建立，矛盾的形成，为对立的表现提供了充分条件和广阔舞台。在不同矛盾中，对立面或相互排斥，或相互背反，或相互对抗，或相互斗争，纷繁复杂，千姿百态。这种对立性和同一性相结合，维系了矛盾的生命，推动了矛盾的发展，构成矛盾史中最基本的部分。

对立的尖锐化达到顶点，就是极端。这在矛盾发展史上具有重要的意义。极端分别有以下两种情况：

一，在一些矛盾中，对立发展为极端，是该矛盾最终解决的必要条件。由于两个对立面发展到顶点并达到十分尖锐的程度，以致消灭这种对立成为必不可免的事。当无产阶级和资产阶级的对立发展到极端，像马克思说的那样，完成了“自我认识”和具有了“对决定性斗争的热烈渴望”，那么，两大阶级的决战就开始了。

二，在一些矛盾中，对立发展为极端，是每一对立面走向反面的必

① 马克思、恩格斯著，中共中央马克思恩格斯列宁斯大林著作编译局译：《马克思恩格斯全集》第 46 卷上册，人民出版社 1979 年版，第 92 页。

要条件。固态到临界点才化为液态，液态到临界点才凝为固态；在生产过程的尽头，产品进入流通，流通的尽头又回到生产；原始平等走到极端出现不平等，不平等发展到极端又转向平等。

恩格斯说，马克思主义辩证法“按本性说是对抗的、包含着矛盾的过程，每个极端向它的反面的转化，最后，作为整个过程的核心的否定的否定”①。这里讲的不是并列的、互不相关的三点，“每个极端向它的反面的转化”和“整个过程的核心的否定的否定”有着有机的联系。第一次否定也就是此方达到极端后转化为彼方，第二次否定也就是彼方达到极端时转化为此方，两次否定，否定之否定的实现，完成了整个过程。由生产到流通，又由流通到生产，结束了一个周期；由平等到不平等，又由不平等到平等，成为平等发展史的总过程。而每一次走向反面，每一次否定，都必须以对立发展到极端为必要条件。

以上分别谈了差别、对立和极端。由于差别、对立和极端只是对立程度上的区别，因此，一般地又把“对立”作为差别、对立、极端的总概括。当问题不在于区别对立程度或无关对立程度的时候，差别、对立和极端（两极）又往往可以相互通用。这些在马克思恩格斯的著作中都出现过。

二、矛盾同一性和矛盾对立性的关系

矛盾的同一性和对立性的相互关系，也是又对立又同一的。一方面，它们是互相对立的两极，一极为“同一性”，一极为“对立性”。“同一

---

① 马克思、恩格斯著，中共中央马克思恩格斯列宁斯大林著作编译局译：《马克思恩格斯全集》第20卷，人民出版社1971年版，第153页。

与对立本身即是对立的”[①]。另一方面，这“同一性”和“对立性”两极对立又是相对的，矛盾同一性和矛盾对立性之间在互相对立的同时又存在着十分密切的内在的联系。

矛盾的同一性和对立性，相互之间有着怎样的内在联系呢？

第一，矛盾同一性和对立性是并存的，缺一不可的。

恩格斯在《自然辩证法》中指出：“自然界中死的物体的相互作用包含着和谐和冲突；活的物体的相互作用则既包含有意识的和无意识的合作，也包含有意识的和无意识的斗争。”[②]他在致彼·拉·拉甫罗夫的信中，也做了类似的阐述：“自然界中物体——不论是死的物体或活的物体——的相互作用中既包含和谐，也包含冲突，既包含斗争，也包含合作。”[③]这里的“和谐”“合作”，讲的是矛盾同一性在不同实际领域中的表现，“冲突”“斗争”，讲的是矛盾对立性在不同实际领域中的表现。恩格斯强调了它们都是对立面之间的相互作用，相互作用既包括矛盾同一性的作用，也包括了矛盾对立性的作用，两者不可偏废。

第二，矛盾的同一性和对立性，也是相互依存的。

恩格斯指出：“所有的两极对立，总是决定于相互对立的两极的相互作用；这两极的分离和对立，只存在于它们的相互依存和相互联系之中，反过来说，它们的相互联系，只存在于它们的相互分离之中，它们的

① [德]黑格尔著，贺麟译：《小逻辑》，商务印书馆 1980 年版，第 256 页。

② 马克思、恩格斯著，中共中央马克思恩格斯列宁斯大林著作编译局译：《马克思恩格斯全集》第 20 卷，人民出版社 1971 年版，第 652 页。

③ 马克思、恩格斯著，中共中央马克思恩格斯列宁斯大林著作编译局译：《马克思恩格斯全集》第 34 卷，人民出版社 1972 年版，第 161 页。

相互依存，只存在于它们的相互对立之中。”[①]恩格斯所说的“只存在于”特别值得我们加以重视，它提供了唯物辩证法在矛盾同一性和对立性的关系问题上最基本的认识。

那么为什么说“只存在于”呢？原因就在它们之间也是互为手段和相互创造的。

矛盾的同一性和斗争性，两者互为手段，互为对象。没有对立性，就无所谓对立相对性，无所谓对立面间的各种联系，也就没有矛盾的同一性。没有同一性，对立只是外在的无关紧要的对立，就不是矛盾的对立性。每一方都要有对方的存在，才能确证和表现自己。

矛盾的同一性和对立性，两者相互创造，相互规定。我们在前面已经说过，矛盾同一性正是对立的相对性，这是对立性对同一性的规定。矛盾的对立性也正是同一的相对性，如果绝对同一，就不会有对立性的产生，这又是同一性对对立性的规定。不仅如此。对立的性质不同，程度不同，制约着矛盾同一性，形成了同一上的各种区别；反过来，不同的同一又制约着矛盾的对立性。在这上面两者也是相互形成，互为因果的。

矛盾的同一性和对立性，一方“只存在于”另一方，所以，无论同一性还是对立性，都不可能独立存在，也不可能单独起作用。分别它们各自的作用只是观念上的、分析上的，而不是现实中的。矛盾的任何存在和发展状态，都是矛盾两大基本属性共同作用的结果，都是又同一又对立的产物。

---

① 马克思、恩格斯著，中共中央马克思恩格斯列宁斯大林著作编译局译：《马克思恩格斯全集》第 20 卷，人民出版社 1971 年版，第 411 页。

第三，在矛盾运动过程中，矛盾同一性和对立性的地位是相互转化的。

在矛盾运动过程中，同一性和对立性相互并存，相互依赖，但两者在主次地位上有变化。在矛盾萌发阶段中，对立（差别）存在于同一之中，在矛盾形成后，则是同一存在于对立之中。

在矛盾萌发阶段，对立性表现为差别，差别还是内在的，"矛盾体"呈现出直接同一形态，内在差别存在于这原始的直接同一之中。最初的物物交换上的商品，其外部形态上是使用价值和价值的直接合一，差别的两因素无论使用价值还是交换价值都不取独立形态，只内含于直接同一之中。

矛盾形成后，同一性和对立性的关系发生了地位上的重大变化。矛盾在外部形态上是对立的，而同一性只存在于这外部对立之中，要通过这外部对立才能得到表现。马克思称此时的同一性为"内在统一性"，所谓"内在的"，一方面是指只要该矛盾还存在，它就有着实现的必然性；另一方面，又意味着这种内在必然性的实现必须通过矛盾的外部形态即对立面，因此也就出现了这种"内在统一性"的实现问题。我们可以看一看马克思的有关论述：

生产和消费。马克思说："生产和消费是内在地不可分离的。由此可以得出结论：因为它们在资本主义生产体系内实际上是分离的，所以它们的统一要通过它们的对立来恢复。"①

流通中的买和卖。马克思说："既然买和卖这两个流通的本质的要

① 马克思、恩格斯著，中共中央马克思恩格斯列宁斯大林著作编译局译：《马克思恩格斯全集》第26卷第二册，人民出版社1973年版，第293—294页。

素彼此无关，在空间上和时间上相分离，它们也就没有必要合而为一。它们的彼此无关，可以使它们彼此的表面上的独立性进一步固定化。但是，既然它们构成一个整体的两个本质的要素，就必然会出现这样的时刻，这时独立形态遭到暴力的破坏，内部的统一通过暴力的爆发在外部恢复起来。”①

商人资本和产业资本。马克思说，在资本社会中，商人资本独立化了，“不管怎样独立化了，商人资本的运动总不外是产业资本在流通领域以内的运动。但由于它的独立化，商人资本的运动已经在一定限界之内，和再生产过程的限制相独立，甚至驱使它越出它的各种限制。内部的依赖性和外部的独立性，会把商人资本推进到这样一点，以致内部的联系要暴力地通过一次危机来恢复”②。

资本的价值保存、增殖过程和生产产品的价值实现过程。马克思说：“这三个过程〔所使用资本的价值保存过程、资本的价值增殖过程和生产出来的产品的价值实现过程〕——它们的统一体构成资本——彼此是外在的过程，在时间和空间上是分开的过程。因此，对单个资本家来说，从一个过程过渡到另一个过程，即三个过程的统一，是偶然的事情。虽然三个过程具有内在的统一性，但它们是彼此独立存在的，而且每一个过程都是另一个过程的前提。总的来说，既然整个生产的资本为基础，因而资本应该实现它的自我形成的一切必要要素，而且应该包

① 马克思、恩格斯著，中共中央马克思恩格斯列宁斯大林著作编译局译：《马克思恩格斯全集》第46卷上册，人民出版社1979年版，第146—147页。

② 马克思著，中共中央马克思恩格斯列宁斯大林著作编译局译：《资本论》第3卷，人民出版社1975年版，第338页。

含实现这种自我形成的条件，那么这三个过程的统一也应该得到实现。”①

我们关于矛盾形成后同一性和对立性地位发生变化，内在的同一性要通过外部的对立才能实现的概括，正是依据马克思的论述提出来的。需要补充说明的是，马克思分析的是资本主义社会中的各种矛盾，所以其内在统一的实现，在实现方式上有特殊性，即需要在一定时候采取暴力手段，爆发危机来实现。这种实现手段，不是一切社会、更不是一切矛盾所必需的，它不具有普遍意义。但矛盾形成后的同一性是内在的，它必须这样那样地通过外部对立才能实现，这一点则是共同的普遍的。

认识矛盾同一性和对立性在矛盾中的地位转化，很有必要。在矛盾形成前，同一是矛盾的直接存在形态，对立（差别）作为一种内在的东西只能存在于同一中并通过它得到实现。这时，我们所能直接看到的是矛盾的同一方面，矛盾的内在差别方面则需要透过同一现象才能发现。反之，在矛盾形成后，对立是矛盾的直接存在状态，同一（统一）作为一种内在的东西只能存在于对立中并通过它得到实现。这时，我们所能直接看到的是矛盾的对立方面，矛盾的内在同一方面则需要透过对立才能发现。在前一场合下，我们需要更多地注意防止出现只见同一不见对立的偏向；在后一场合，则需要更多地注意防止出现只见对立不见同一的偏向。

---

①　马克思、恩格斯著，中共中央马克思恩格斯列宁斯大林著作编译局译：《马克思恩格斯全集》第46卷上册，人民出版社1979年版，第385页。

三、矛盾的对立面和统一体

矛盾是对立统一。矛盾的对立面与矛盾对立性有着直接的联系，同样，矛盾的统一体与矛盾同一性有着直接的联系。可以说，对立面和统一体，分别是矛盾对立性和同一性在矛盾结构上的反映。所以，了解矛盾两种基本属性之间的关系，应该包括对矛盾对立面和统一体之间关系的研究。

"统一体"，在马克思、恩格斯著作中，有时又使用"统一"的范畴。说商品是使用价值和价值的统一，与说商品是使用价值和价值的统一体，是一个意思。

马克思把"统一"(体)区分为"运动中的统一"和"静止的统一"两个方面。他在《政治经济学批判(1857—1858年草稿)》中写道，资本在劳动过程中按其物质组成分为劳动材料、劳动资料和活劳动，而"这些要素的运动的统一是劳动过程(或者说这些要素共同加入这一过程)，它们的静止的统一是产品"①。这两种统一，虽然是在一个具体问题中统一，却具有普遍的意义。对于各种矛盾来说，所谓对立面的统一，既是表现为对立面的静止的统一，又表现为对立面的运动的统一。运动的统一，是矛盾统一体的实质。静止的统一，并不是在运动的统一之外的、与其无关的东西，而是运动的统一的结果和完成标志。

马克思特别强调了"运动的统一""过程中的统一"。例如：

商品是使用价值和价值的统一。马克思说："两个规定的统一表现

---

① 马克思、恩格斯著，中共中央马克思恩格斯列宁斯大林著作编译局译：《马克思恩格斯全集》第46卷下册，人民出版社1980年版，第206页。

为非静止的、经历一定阶段的、同时总是双方的运动。”①

“它〔作为资本的货币〕是商品和货币的统一，然而是这两者的过程中的统一，它既不是商品又不是货币，同时既是商品又是货币。”②

“资本的总生产过程既包括本来意义上的生产过程，也包括本来意义上的流通过程。它们形成资本运动的两大部分，而资本运动表现为这两个过程的总体。一方面是劳动时间，另一方面是流通时间。整个运动表现为劳动时间和流通时间的统一，表现为生产和流通的统一。这种统一本身便是运动，便是过程。资本表现为生产和流通的这种处于过程中的统一体，这种统一体，既可以看成是资本生产过程的整体，又可以看成是资本一次周转、一次复归于其自身的运动的一定期间。”③

“在货币通流的速度中，我们看见了互相对立但又互相补足的各阶段（由使用形式转化为价值形式，再由价值形式转化为使用形式，即卖和买这两个过程）的流水般的统一。反之，在货币通流的迟滞中，我们却看见了这两个过程分离为互相对立的独立阶段，形态变化和物质变换停滞的事实。”④

在所有这些论述中，贯穿了一个思想，那就是对立面的“运动的统一”。“过程中的统一”也就是运动的统一，“流水般的统一”则是对运动

① 马克思、恩格斯著，中共中央马克思恩格斯列宁斯大林著作编译局译：《马克思恩格斯全集》第 46 卷下册，人民出版社 1980 年版，第 487 页。

② 马克思、恩格斯著，中共中央马克思恩格斯列宁斯大林著作编译局译：《马克思恩格斯全集》第 46 卷下册，人民出版社 1980 年版，第 506 页。

③ 马克思、恩格斯著，中共中央马克思恩格斯列宁斯大林著作编译局译：《马克思恩格斯全集》第 46 卷下册，人民出版社 1980 年版，第 122—123 页。

④ 马克思著，中共中央马克思恩格斯列宁斯大林著作编译局译：《资本论》第 1 卷，人民出版社 1975 年版，第 101 页。

的统一所做的形象说法。因此，我们集中地研究在运动的统一中，对立面和统一体的关系。

马克思在下面这段话中，表明了他对这一关系的基本观点。他在《剩余价值理论》中写道："商品价值可能分解成的那些部分变成商品价值的构成部分，这些构成部分作为彼此独立的部分相对立，因而也作为独立的部分与它们的统一体相对立，而这个统一体反过来又表现为它们的结合。"①这里，马克思提出了两个重要观点：其一，统一体是对立面的结合；其二，统一体与对立面相互对立。我们联系马克思的其他一些论述，分别地来谈谈这两点。

第一，统一体是对立面的结合。作为统一体，正是对立面的统一体，而不是别的什么统一体。它统一了对立面，表现为对立面的结合。在商品价值上，统一体商品价值表现为相互对立的诸构成部分的结合，这是很明显的。

在一定意义上，对立面是以"统一体"的存在为前提。相互独立和对立着的商品价值诸构成部分之所以结合，正是由于这些构成部分是由原来的商品价值"可能分解"的部分变来的。原来的商品价值，是以后的种种分解变化的总根源和起点。

另一方面，统一体要以对立面的存在为前提。有商品价值诸构成部分，才有这诸构成部分的结合，才有它们的统一体。在这个问题上，马克思在《神圣家族》中批判青年黑格尔派时做了很好的阐述。青年黑格尔派"使贫穷和富有成为一个整体，并且'向这个整体本身询问其存

---

① 马克思、恩格斯著，中共中央马克思恩格斯列宁斯大林著作编译局译：《马克思恩格斯全集》第26卷第三册，人民出版社1974年版，第571页。

在的前提是什么'"，马克思对此进行了有力的批判："批判的批判既然向'整体本身'去探询其存在的前提，那就等于是用真正神学的方式在这个'整体'之外寻求这些前提。批判的思辨在它似乎正在研究的那个对象以外运动着。"他接着深刻地指出，"贫富之间的这一全部对立正是对立的两个方面的运动，整体存在的前提正是包含在这两个方面的本性中"①。整体存在的前提不在整体之外，而在整体之中，在于整体内对立两个方面的本性。整体（统一体）是对立面在运动中的结合。

第二，对立面与统一体又是相互对立的。这是部分与整体之间的对立，对立与统一之间的对立。问题在于，作为对立面结合的统一体，是如何同每一对立面相对立的呢？我们再来读一段马克思的论述：

"流通的全程就其本身来看，就在于，同一交换价值，作为主体的交换价值，一次作为商品出现，另一次作为货币出现，并且它正是这样的一种运动，在这种运动中它在这两个规定上出现，在每一个规定上都作为这一规定的对立面保存自己，即在商品上作为货币，在货币上作为商品保存自己。这种情况在简单流通中就自在地存在着，但没有表现出来。表现为商品和货币的统一体的交换价值，就是资本，而这种表现过程本身，是资本的流通。"②

两个对立面是商品和货币，商品和货币的统一体是资本。资本作为统一体，作为过程的主体，在流通过程中，或作为商品出现，或作为货币出现。当它分别在商品或货币这两个规定上出现时，它"表现为被束

① 马克思、恩格斯著，中共中央马克思恩格斯列宁斯大林著作编译局译：《马克思恩格斯全集》第2卷，人民出版社1957年版，第43页。

② 马克思、恩格斯著，中共中央马克思恩格斯列宁斯大林著作编译局译：《马克思恩格斯全集》第46卷上册，人民出版社1979年版，第221—222页。

缚在特殊形态中的东西”了，资本作为商品出现就被束缚在商品形态上，作为货币出现就被束缚在货币形态上。“这种特殊形态是对作为整个运动主体的资本的否定。所以资本在每个阶段上，都是对作为各种转化的主体的它自身的否定。”①然而，资本既然是过程的主体、统一体，在它被束缚在每一特殊形态中的时候，当它在商品或货币规定上出现的时候，又必须“保存自己”。保存自己，是通过在每一规定上（即在每一特殊形态上）“都作为这一规定的对立面”来实现的，也就是在商品上作为货币，在货币上作为商品。

统一体既在每一对立面上，又不在每一对立面上。它在每一对立面上，在该对立面的规定上出现，表现为被束缚于该对立面的特殊形态；它又不在每一对立面上，因为它在每一规定上是作为这一规定的对立面出现的，表现为特殊形态的超出。这样，统一体在对立面中，又保存了自己之统一体。这就是矛盾统一体在运动过程中保存自己的方式，也是唯一的方式。如果统一体全然离开每一对立面，它就不是该矛盾对立面的统一体，失去了统一体的资格；如果统一体在每一规定上不作为它的对立面，完全被束缚在每一规定的特殊形态上，那它只是该对立面而已，不成其为统一体。

第三，在运动的统一中，对立面和统一体的关系除了上述两点外，还应该提出一点，那就是对立面和统一体的地位变化。

由于统一体在对立面间的上述运动，改变了它和对立面的最初关系，使得它自己成了真正的唯一的主体。马克思有一段话包含了这一

① 马克思、恩格斯著，中共中央马克思恩格斯列宁斯大林著作编译局译：《马克思恩格斯全集》第46卷下册，人民出版社1980年版，第123页。

思想。他说：

“重要的是应当指出，财富本身，即资产阶级财富，当它表现为媒介，表现为交换价值和使用价值这两极间的媒介时，总是在最高次方上表现为交换价值。这个中项总是表现为完成的经济关系，因为它把两个对立面综合在一起，并且，归根到底，这个中项对于两极本身来说总是表现为片面的较高次方的东西，因为最初在两极间起媒介作用的运动或关系，按照辩证法必然会导致这样的结果，即这种关系表现为它自己的媒介，表现为主体，两极只是这个主体的要素，它扬弃了这两极的独立的存在，以便通过这两极的扬弃本身来把自己确立为唯一独立的东西。”①

统一体作为一种运动或关系，最初是在两极之间起媒介运动和作用，这里似乎主体是两极，而统一体只是媒介，只是“中项”。但是，由于统一体的运动和作用，它扬弃了这两极的独立存在，把两个对立面综合在一起了。同时，也由于它的运动和作用，它把自己确立为唯一独立的东西，表现为完成了的关系，成为真正的主体，而两极反过来只是这个主体的要素了。

总之，统一体既是对立面的结合，又与对立面相对立，在这种结合和对立中，统一体由对立面的媒介转化为唯一的主体。这些重要观点，从矛盾的内部结构关系上进一步补充和发挥了矛盾同一性与对立性相互依存和相互转化的观点。学习马克思和恩格斯的这些思想，对于我们正确认识两者关系，改变过于贫乏和简单化的认识，是大有好处的。

---

① 马克思、恩格斯著，中共中央马克思恩格斯列宁斯大林著作编译局译：《马克思恩格斯全集》第 46 卷上册，人民出版社 1979 年版，第 295 页。

第七章　对唯心论和形而上学的批判

马克思和恩格斯的矛盾同一性思想的阐发，是在不断的探索和战斗中进行的。这一思想的丰富和完善，也是在不断的探索和战斗中逐渐实现的。在矛盾同一性问题上，马克思和恩格斯对各种唯心论和形而上学错误观点、错误方法的批判，构成了他们的矛盾同一性思想的重要的有机组成部分。我们在学习和研究时，万万不可疏忽。本书的最后一章，就来集中地谈这个问题。

一、不能离开矛盾同一性的唯物主义基础

把辩证法建立在唯物主义基础上，实现辩证法和唯物主义的紧密结合，是马克思主义辩证法的首要的和基本的特征。马克思在讲到他的辩证法和黑格尔辩证法的不同时说过："我是唯物主义者，黑格尔是唯心主义者。黑格尔的辩证法是一切辩证法的基本形式，但是，只有在剥去它的神秘的形式之后才是这样，而这恰好就是我的方法的特

点。”[①]在矛盾同一性的问题上，马克思和恩格斯坚持唯物主义的原则，从客观存在的矛盾同一性本身来揭示和阐发矛盾同一性，不能容忍任何唯心主义的前提。

在创立马克思主义的时期，马克思和恩格斯对黑格尔的唯心主义的矛盾同一性理论展开了猛烈的抨击，以后，他们又在不同场合批判了黑格尔。这种情况的出现不是偶然的。马克思和恩格斯起先都曾是黑格尔主义者，他们从黑格尔主义中摆脱出来走向唯物主义时，对曾经信奉过的哲学进行了全面的、无情的清算，这是实现这一革命转变所必需的。黑格尔哲学又是马克思主义哲学的直接来源，黑格尔在矛盾同一性问题上提供的许多合理思想，都得到了马克思和恩格斯的继承发扬。然而正因为这样，对黑格尔唯心主义前提的批判，严格划分马克思恩格斯矛盾同一性思想与黑格尔思想的原则区别，就成为必不可少的了。此外，由于黑格尔哲学的两重性及其广泛影响，一些人承袭了黑格尔哲学的糟粕方面，马克思、恩格斯在对他们进行批判时追溯到黑格尔，也是不足为怪的。

在矛盾同一性问题上，黑格尔的唯心主义神秘形式主要表现在两个方面：一是它的客观唯心主义体系。黑格尔认为，存在一种作为世界本体和泉源的客观精神，即“绝对观念”。绝对观念处在不断发展过程中，经历着逻辑阶段、自然阶段和精神阶段。自然界和人类思维都只是绝对观念自身发展中的阶段和表现形式。以此为主线，构成了黑格尔客观唯心主义的哲学体系。二是它的方法中的主观随意性，这是由黑

---

① 马克思、恩格斯著，中共中央马克思恩格斯列宁斯大林著作编译局译：《马克思恩格斯全集》第32卷，人民出版社1974年版，第526页。

格尔唯心主义体系所不可避免地带来的。头足倒置的哲学要能构成体系，不得不求助于主观随意性。尽管在黑格尔哲学中曲折地反映了客观世界的辩证运动和联系，却又同时并存着一大堆违背客观运动和联系的虚幻捏造。

1843年，如列宁所说是“刚刚成为马克思”的马克思，写下了第一部直接以黑格尔为批判对象的巨著《黑格尔法哲学批判》。在这部著作中，批判就是在上述两个方面进行的。

马克思尖锐地揭露了黑格尔的思辨神秘主义。他指出黑格尔哲学是“头足倒置”的神秘主义①。黑格尔不是从实在的对象出发，而是从“理念”出发，他“在任何地方都把理念当做主体”②，而把现实关系归结为现象，“变成了理念所具有的想象的内部活动”③。“他不是从对象中发展自己的思想，而是按照做完了自己的事情并且是在抽象的逻辑领域中做完了自己的事情的思维的样式来制造自己的对象。”④与黑格尔针锋相对，马克思提出了“应当从现实的主体出发，并把它的客体化作为自己的研究对象”⑤的唯物主义前提。

黑格尔在他的“法哲学”中，描述了“市民社会”和“政治国家”之间

---

① 马克思、恩格斯著，中共中央马克思恩格斯列宁斯大林著作编译局译：《马克思恩格斯全集》第1卷，人民出版社1956年版，第251页。

② 马克思、恩格斯著，中共中央马克思恩格斯列宁斯大林著作编译局译：《马克思恩格斯全集》第1卷，人民出版社1956年版，第255页。

③ 马克思、恩格斯著，中共中央马克思恩格斯列宁斯大林著作编译局译：《马克思恩格斯全集》第1卷，人民出版社1956年版，第250页。

④ 马克思、恩格斯著，中共中央马克思恩格斯列宁斯大林著作编译局译：《马克思恩格斯全集》第1卷，人民出版社1956年版，第259页。

⑤ 马克思、恩格斯著，中共中央马克思恩格斯列宁斯大林著作编译局译：《马克思恩格斯全集》第1卷，人民出版社1956年版，第273页。

(实则是新生资本主义势力和普鲁士君主制度之间)的对立和矛盾,但是,由于他把现象的矛盾理解为本质中的理念的统一,他急于完成这个统一,使他不能真正抓住矛盾根源和必然性,而是抛开现实的冲突,主观地构思“有机的统一”,依照在合题中把正题和反题“结合”起来的公式,在这两个不能通过结合加以解决的对立面中“完成”了同一。马克思对此做了深刻的多层次的揭露,并指出这样的“结合”和“同一”,只能是“虚假的”“虚幻的”“想象中的幻觉”,只能是“真正同一的假象”。

在这一时期,可以说是刚刚成为恩格斯的恩格斯,也发表了同样的见解。例如他在批判英国资产阶级社会学家边沁时,实际上批评了黑格尔在理论上的主观随意的错误。边沁在开始时认为“公共利益”和“私人利益”是不可分的,是同一的,但后来他把私人利益当作公共利益的基础,只是片面地谈论赤裸裸的私人利益。恩格斯批判道:“这里边沁在经验中犯了黑格尔在理论上所犯过的同样错误;他在克服二者的对立时是不够认真的。”①

以《黑格尔法哲学批判》为标志开始的对黑格尔唯心主义两方面表现的批判,不久就通过对青年黑格尔派和“真正的社会主义”的批判在更加广阔的领域中展开了。

马克思和恩格斯的第一部合写的著作是《神圣家族》,“神圣家族”是给青年黑格尔派鲍威尔兄弟及其信徒所取的绰号,这班先生鼓吹一种“批判”,这种批判超越一切现实、政党和政治,否认一切实际活动,只是“批判地”静观周围世界和其中发生的事情。他们高傲地把无产阶级

① 马克思、恩格斯著,中共中央马克思恩格斯列宁斯大林著作编译局译:《马克思恩格斯全集》第1卷,人民出版社1956年版,第675页。

说成是一群没有批判头脑的人。马克思、恩格斯坚决反对这个荒谬而有害的思潮。《神圣家族》揭露他们的“总秘密就是使陈旧的思辨的胡说死灰复燃”[①]，指出黑格尔的“存在和思维的思辨的神秘同一，在批判那里以实践和理论的同样神秘的同一的形式重复着”[②]。大约三十年后，恩格斯在批判杜林时，又一次做了这样的揭露：“思维和存在的统一采取了唯心主义的头足倒置的形式”[③]，“企图以思维和存在的同一性去证明任何思维产物的现实性，这正是一个叫做黑格尔的人所说的最荒唐的热昏的胡话之一”[④]。

《德意志意识形态》是对青年黑格尔派批判的继续和完成。青年黑格尔派的施蒂纳拙劣地模仿黑格尔，他以“唯实主义”“唯心主义”和作为两者的绝对否定的“某人”等范畴作为全部历史的基础，编造了一个庞大的伪历史结构，而用“黑格尔的方法构成的范畴”[⑤]——“我”，则是“唯实主义”和“唯心主义”、事物世界和精神世界的最高统一。马克思辛辣地讽刺道，黑格尔的对立统一要由辩证法来完成，“‘施蒂纳’所不同于黑格尔的地方是：他不靠辩证法而完成了同样的事”[⑥]。施蒂纳所

---

① 马克思、恩格斯著，中共中央马克思恩格斯列宁斯大林著作编译局译：《马克思恩格斯全集》第2卷，人民出版社1957年版，第244页。

② 马克思、恩格斯著，中共中央马克思恩格斯列宁斯大林著作编译局译：《马克思恩格斯全集》第2卷，人民出版社1957年版，第245页。

③ 马克思、恩格斯著，中共中央马克思恩格斯列宁斯大林著作编译局译：《马克思恩格斯全集》第20卷，人民出版社1971年版，第610页。

④ 马克思、恩格斯著，中共中央马克思恩格斯列宁斯大林著作编译局译：《马克思恩格斯全集》第20卷，人民出版社1971年版，第47页。

⑤ 马克思、恩格斯著，中共中央马克思恩格斯列宁斯大林著作编译局译：《马克思恩格斯全集》第8卷，人民出版社1961年版，第210页。

⑥ 马克思、恩格斯著，中共中央马克思恩格斯列宁斯大林著作编译局译：《马克思恩格斯全集》第8卷，人民出版社1961年版，第211页。

靠的是一系列的“思维的绝技”[①]，他“为了把一种观念变成另一种观念，或者为了证明两种完全不同的事物是等同的，就寻找某些中间环节，这些中间环节或者在意思上，或者在字源学上，或者干脆在发音上，可以用来在两种基本观念之间建立似是而非的联系”。马克思说：“这是思想走私的一个窍门。”[②]马克思还揭露说，在施蒂纳的“历史虚构中，按照黑格尔的方法，最近的历史现象变成了原因，变成了较早的历史现象的创造者”[③]，这种任意颠倒历史的做法是青年黑格尔派的惯技，马克思称之为“儿子生父亲”[④]。

对“真正的社会主义”的批判，是《德意志意识形态》的另一重要内容。这些标榜是“真正的社会主义”的人同样地把黑格尔哲学的糟粕接了过去。他们认为“共产主义”是法国的现象，“社会主义”是德国的现象，即他们自己为代表，而共产主义和社会主义归根到底都消融在人道主义中。马克思和恩格斯深刻地批判了他们：“把共产主义和社会主义变成了两种抽象的理论、两种原则以后，再给这两个对立面杜撰任何一种黑格尔式的统一，随便安上一个名称，当然是非常容易的事。这样做就不仅有可能洞悉‘两个民族的发展进程’，而且有可能光辉地显示出

① 马克思、恩格斯著，中共中央马克思恩格斯列宁斯大林著作编译局译：《马克思恩格斯全集》第 8 卷，人民出版社 1961 年版，第 139 页。

② 马克思、恩格斯著，中共中央马克思恩格斯列宁斯大林著作编译局译：《马克思恩格斯全集》第 8 卷，人民出版社 1961 年版，第 308 页。

③ 马克思、恩格斯著，中共中央马克思恩格斯列宁斯大林著作编译局译：《马克思恩格斯全集》第 8 卷，人民出版社 1961 年版，第 300 页。

④ 马克思、恩格斯著，中共中央马克思恩格斯列宁斯大林著作编译局译：《马克思恩格斯全集》第 2 卷，人民出版社 1957 年版，第 13 页。

一个醉心于思辨妙想的个人比法国人和德国人高明的地方。”①

我们不可能循着历史的进程逐一地介绍马克思、恩格斯所做过的所有批判，以上的事实已经足够充分了。对黑格尔唯心主义的这两个方面的批判，具有很大的代表性，一切离开唯物主义基础的表现归结起来大抵也就是体系上的唯心主义和方法上的主观随意性。所以，这两个方面的批判，也就贯彻于马克思和恩格斯所做的几乎全部的批判中。为说明这一点，我们不妨再举一个马克思的《经济学手稿（1857—1858）》中的例子。

法国的庸俗经济学家巴师夏认为资本主义社会内部是和谐的。马克思批判道：“这些关系的和谐是一种彼岸性，这种彼岸性正好从法国疆界的尽头开始，存在于英国和美国。这只是非法国的即英国和美国的关系的想象的、理想的形式，而不是像他在他自己的国土上所看到的那种现实的形式。因此，如果说在他那里和谐决不是来自丰富的生动的直观，而相反地是从贫乏的、紧张的、对立的反思中产生的夸张的产物，那么，在他那里唯一现实的事情就是要求法国放弃它的经济上的疆界。”②

世界按其本质说来是物质的，观念的东西不外是移入人的头脑并在人的头脑中改造过的物质的东西而已，主观辩证法只是客观辩证法的反映，所以矛盾同一性研究不能离开唯物主义的前提和基础。这对唯物主义者来说是不成问题的事。但是，可惜世界上的人们并非都是

① 马克思、恩格斯著，中共中央马克思恩格斯列宁斯大林著作编译局译：《马克思恩格斯全集》第3卷，人民出版社1960年版，第540页。

② 马克思、恩格斯著，中共中央马克思恩格斯列宁斯大林著作编译局译：《马克思恩格斯全集》第46卷上册，人民出版社1979年版，第8页。

唯物主义者。与唯物主义者相对立，还存在着各种唯心主义者，客观唯心主义、主观唯心主义，过去有、现在有、将来还会有。于是，这个不成问题的问题，也就成了个问题，而且成了非常重要的问题了。本书为了尽快地进入对矛盾同一性中各种问题的具体研究和介绍，把唯物主义基础的问题作为当然的前提，未做专门的论述，因此，这一节应是这方面的必要的补充。

二、不能把矛盾的对立性绝对化

在矛盾同一性问题上，马克思和恩格斯对唯心论和形而上学批判的第二个重点，在于反对鼓吹绝对的对立、否认对立相对性的各种错误观点。这一批判的实质，就是维护矛盾同一性的存在权利，从而坚持矛盾辩证法。

形而上学鼓吹绝对的对立、否认对立相对性的各种错误观点，归结起来主要是两条：

第一，形而上学者总是在绝对不相容的对立中思维。

自然科学在最初的发展阶段上，是把自然界的无生物和有生物都当作一种既成事物来研究的，相互之间有着绝对的分界线和类的区别，正是这种状况使得理论自然科学带上了狭隘的形而上学性质。当自然科学的进一步发展已到处冲破了形而上学的强制规定的分界线和类的区别时，自然科学在理论上却不能摆脱形而上学的羁绊。恩格斯绝妙地描述了当时大多数自然科学家的思维方式：“他们在绝对不相容的对立中思维；他们的说法是：‘是就是，不是就不是；除此之外，都是鬼话。’”[①]他又在哲学上对此做了准确的概括：“大多数自然科学家还以为同一和差异是不可调和的对立，而不是同一个东西的两极。”[②]由于他们把相对的对立看成绝对的，因而总是陷于无法解决的矛盾之中。

恩格斯用以批判的武器是辩证法的对立相对性原则，他本人做了大量精辟的阐述，并经常援引黑格尔；恩格斯更大量引证了自然科学所提供的事实来批评和教育自然科学家们：“当自然界也和老黑格尔一样地来对待这些差别和对立的时候，难道还不该稍微仔细地研究一下这个问题吗？”[③]

杜林在他的“天体演化学”中，制造了一个整个宇宙的绝对静止、绝对平衡的原始状态，然后又企图架起由静到动的桥梁。但是，要从绝对不动中产生出运动来，除了去求助于“上帝”，又是根本不可能的。这使他陷于不能自拔的困境。恩格斯指出了杜林的根本错误正在于他把运动和静止、平衡绝对地对立起来了。“正像地道的形而上学者一样，他先在运动和平衡之间划一条实际上并不存在的鸿沟，然后就奇怪他为什么不能在自己制造的鸿沟上找到一座桥。”[④]

在社会历史观上，马克思和恩格斯也一再地批判了把对立绝对化

① 马克思、恩格斯著，中共中央马克思恩格斯列宁斯大林著作编译局译：《马克思恩格斯全集》第 20 卷，人民出版社 1971 年版，第 24 页。

② 马克思、恩格斯著，中共中央马克思恩格斯列宁斯大林著作编译局译：《马克思恩格斯全集》第 20 卷，人民出版社 1971 年版，第 558 页。

③ 马克思、恩格斯著，中共中央马克思恩格斯列宁斯大林著作编译局译：《马克思恩格斯全集》第 20 卷，人民出版社 1971 年版，第 489 页。

④ 马克思、恩格斯著，中共中央马克思恩格斯列宁斯大林著作编译局译：《马克思恩格斯全集》第 20 卷，人民出版社 1971 年版，第 68 页。

的形而上学观点。例如，在马克思主义获得了胜利和广泛传播后，一些冒牌的“马克思主义”者竭力篡改和歪曲历史唯物主义基本原理，把它说成只有经济才是原因，其他一切都只是消极的结果，似乎马克思和恩格斯只是片面地主张经济决定论，根本否认政治、法律、思想领域等对于经济的反作用，根本否认它们对历史有任何影响。晚年的恩格斯曾以极大精力为捍卫马克思主义而斗争。他指出：“所有这些先生们所缺少的东西就是辩证法。他们总是只在这里看到原因，在那里看到结果。他们从来看不到：这是一种空洞的抽象，这种形而上学的两极对立在现实世界中只是在危机时期才有，整个伟大的发展过程是在相互作用的形式中进行的（虽然相互作用的力量很不均衡：其中经济运动是更有力得多的、最原始的、最有决定性的），这里没有任何绝对的东西，一切都是相对的。对他们说来，黑格尔是不存在的。”[①]那种否认政治、法律、思想领域对历史有任何影响的荒谬观点，“是由于把原因和结果刻板地、非辩证地看做永恒对立的两极，完全忽略了相互作用。这些先生常常故意忘却，当一种历史因素一旦被其他的、归根到底是经济的原因造成的时候，它也能够对周围环境甚至对产生它的原因发生反作用”[②]。

由于在绝对不相容的对立中思维，使得这些人陷入了极大的混乱之中。同一个阶级的思想家，往往由于各执一端，一些人只见这一方面，另一些人又只见那一方面，从而，他们自己也分裂成两个片面而互相对立。马克思在《1844年经济学哲学手稿》中，谈到在国民经济学领

① 马克思、恩格斯著，中共中央马克思恩格斯列宁斯大林著作编译局译：《马克思恩格斯全集》第37卷，人民出版社1971年版，第491页。

② 马克思、恩格斯著，中共中央马克思恩格斯列宁斯大林著作编译局译：《马克思恩格斯全集》第39卷，人民出版社1974年版，第96页。

域中掀起的一场争论：一方以罗德戴尔、马尔萨斯为代表，推崇奢侈而咒骂节约；另一方以萨伊、李嘉图为代表，推崇节约而咒骂奢侈。马克思说："双方都忘记了，挥霍和节约，奢侈和困苦，富有和贫穷是等同的。"[①]"国民经济学这门关于财富的科学，同时又是关于克制、穷困和节约的科学，而实际上它甚至要人们把对新鲜空气或身体运动的需要都节省下来。"[②]

不仅如此，表现在同一个人身上，时而只见一方，时而又只见另一方，在两极对立中跳跃，这种情形也是不少见的。典型一例，就是福格特、毕希纳、摩莱肖特等人在达尔文生存斗争学说前后的变化。"在达尔文以前，他今天的信徒们所强调的正是有机界中的和谐的合作，植物怎样给动物提供食物和氧，而动物怎样给植物提供肥料、阿姆尼亚和碳酸气。在达尔文的学说刚被承认之后，这些人便立刻到处只看到斗争。"恩格斯接着指出，"这两种见解在某种狭窄的范围内都是有道理的，然而两者都同样是片面的和偏狭的"[③]。

更有甚者，同一个人在同时也会出现一个地方只讲一方面，而另一个地方又只讲另一方面的情况。海因岑在1847年发表的《共产主义者的一个"代表"》这篇攻击共产主义者的宣言中，当谈到金钱权力和政治权力的时候，他无法理解这两种势力的相互作用，只见差别，不讲统一，这些差别在他手下"硬化为顽石"，无法"互相撞击而打出火花"；然而同

---

① 马克思、恩格斯著，中共中央马克思恩格斯列宁斯大林著作编译局译：《马克思恩格斯全集》第42卷，人民出版社1979年版，第136页。

② 马克思、恩格斯著，中共中央马克思恩格斯列宁斯大林著作编译局译：《马克思恩格斯全集》第42卷，人民出版社1979年版，第135页。

③ 马克思、恩格斯著，中共中央马克思恩格斯列宁斯大林著作编译局译：《马克思恩格斯全集》第20卷，人民出版社1971年版，第652页。

时，他又把社会问题归结为君主制和共和制问题，表现出只见"统一"而看不到这两个问题的本质差别之所在。马克思在批判时称海因岑为复活粗俗文学的功臣之一，并指出"它的全部粗俗性格表现在：在它看出有差别的地方就看不见统一，在它看见有统一的地方就看不出差别"①。

第二，形而上学者企望在保存一方的情况下能够消除与它对立的另一方。

马克思在《1844年经济学哲学手稿》中，批判了蒲鲁东主义和改良主义。改良主义强调提高工资，这无非是给奴隶以较多报酬而已。蒲鲁东则把工资平等当作社会革命的目的，其实是企求在经济异化范围内克服经济异化。工资和私有财产是对立统一的，在保存私有财产的前提下，提高工资或工资平等只能是雇佣劳动的保留，不可能是雇佣劳动的克服无产者的解放。马克思鲜明地提出，"工资是异化劳动的直接结果，而异化劳动是私有财产的直接原因。因此，随着一方衰亡，另一方也必然衰亡"②。

在《共产党宣言》中，马克思和恩格斯无情揭露了资产阶级的社会主义："社会主义的资产者要保全现代社会的生存条件，但又不要有这些条件必然产生的斗争和危险。他们要保全现代社会，但是不要有那些使这个社会发生革命和陷于解体的因素。他们只愿有资产阶级而不

① 马克思、恩格斯著，中共中央马克思恩格斯列宁斯大林著作编译局译：《马克思恩格斯全集》第4卷，人民出版社1958年版，第332页。

② 马克思、恩格斯著，中共中央马克思恩格斯列宁斯大林著作编译局译：《马克思恩格斯全集》第42卷，人民出版社1979年版，第101页。

要无产阶级。”①二十五年以后，恩格斯在《论住宅问题》中提供了这种“只愿有资产阶级而不要无产阶级”的资产阶级社会主义的新的例子，那就是资产阶级经济学家艾米尔·扎克斯。扎克斯要求资本主义生产方式应当一成不变地保留下去，资产阶级经济学成为“铁的”规律，同时又主张“所谓无产者阶级”的状况应该提高到“有产者阶级的水平”。恩格斯指出，“资产阶级社会主义的实质正是在于既希望保全现代社会一切祸害的基础，同时又希望消除这些祸害”②。他们之所以这样主张，是因为“抹煞无产阶级的存在是由资产阶级生产关系所造成的而同时又是这些生产关系继续存在的条件这一事实，是符合资产阶级的利益的”③。

1872年9月第一国际海牙大会后，马克思主义者和巴枯宁分子之间的斗争公开化了。巴枯宁分子召开“反权威主义”代表大会，成立“反权威主义”的所谓“国际”。恩格斯当即写了《论权威》等著作，给予毁灭性的打击。在揭露这些无政府主义者的本质是为反动派效劳的同时，又批判了他们在理论上的荒谬性：“把权威原则说成是绝对坏的东西，而把自治原则说成是绝对好的东西，这是荒谬的。权威与自治是相对的东西，它们的应用范围是随着社会发展阶段的不同而改变的。”④而

① 马克思、恩格斯著，中共中央马克思恩格斯列宁斯大林著作编译局译：《马克思恩格斯全集》第4卷，人民出版社1958年版，第498页。

② 马克思、恩格斯著，中共中央马克思恩格斯列宁斯大林著作编译局译：《马克思恩格斯全集》第18卷，人民出版社1964年版，第263页。

③ 马克思、恩格斯著，中共中央马克思恩格斯列宁斯大林著作编译局译：《马克思恩格斯全集》第18卷，人民出版社1964年版，第263页。

④ 马克思、恩格斯著，中共中央马克思恩格斯列宁斯大林著作编译局译：《马克思恩格斯全集》第18卷，人民出版社1964年版，第343页。

且,“生产和流通的物质条件,不可避免地随着大工业和大农业的发展而复杂化,并且趋向于日益扩大这种权威的范围”①。

这种只要对立的一方,不要对立的另一方的形而上学,不仅表现在社会经济或政治的领域,也表现在自然科学界。恩格斯批评了生物学家海克尔在理论上将归纳和演绎绝对对立的谬论,列举大量科学上的新发现来批判只讲归纳否认演绎的归纳万能论,指出:“归纳和演绎,正如分析和综合一样,是必然相互联系着的。不应当牺牲一个而把另一个捧到天上去,应当把每一个都用到该用的地方,而要做到这一点,就只有注意它们的相互联系、它们的相互补充。”②

把对立绝对化,或是认为一方可以与另一方脱离,孤立地存在着,或是把对立双方互不相关地并列着,这就在否认对立是矛盾中的对立的同时,也根本否认了矛盾同一性的存在。矛盾同一性不存在,当然也就无所谓矛盾同一性的各种类型、各种表现、各种作用的问题,也就无所谓矛盾同一性与对立性的关系问题了。因此,否定这种形而上学的绝对对立观点,是矛盾同一性各项研究的又一必要前提。

三、不能把矛盾的同一性绝对化和庸俗化

在矛盾同一性问题上,马克思和恩格斯对唯心论和形而上学批判的第三个重点,是反对把矛盾的同一性加以绝对化和庸俗化。形而上学在这方面的错误观点,表现于以下三点。

---

① 马克思、恩格斯著,中共中央马克思恩格斯列宁斯大林著作编译局译:《马克思恩格斯全集》第18卷,人民出版社1964年版,第343页。

② 马克思、恩格斯著,中共中央马克思恩格斯列宁斯大林著作编译局译:《马克思恩格斯全集》第20卷,人民出版社1971年版,第571页。

第一，形而上学者鼓吹一种排除了任何对立的统一。把同一绝对化，是把对立绝对化的必然补充。形而上学只讲绝对对立，对立的东西联系不起来，因而也就没有“矛盾同一性”概念，用绝对的同一来与辩证法的矛盾同一性相抗衡。

蒲鲁东认为，“竞争和联合是相互依存的。它们不仅不互相排斥，甚至彼此间也没有分歧”①。表面看来，蒲鲁东承认竞争和联合的相互依存，因而也就是承认矛盾同一性的，但他立即声明竞争和联合“不仅不互相排斥，甚至彼此间也没有分歧”，这就充分暴露了他说的“相互依存”是连一点分歧都没有的绝对同一，根本不是辩证法所讲的矛盾同一性。马克思指出了蒲鲁东承认“相互依存”的理由，只是由于竞争是以“共同目标”为前提，即以社会为前提而已，蒲鲁东的“相互依存”既然是依仗着这种荒唐和幼稚的理论，那么，“在社会主义者所说的竞争和联合之间甚至没有一点分歧，这难道是偶然的吗？”②

马克思在 1851 年的《反思》一文中，揭露了蒲鲁东在货币问题上所主张的绝对同一观点。蒲鲁东等人“他们想保留货币，但又不让货币具有货币的属性”，“他们想好好地安排这种分离的符号，好让这种符号表示同一”③。本来，在货币制度的存在中，具有商品与货币分离的可能性和现实性，货币本身就是这种分离的符号，矛盾的同一应该到商品和货币这两者的相互关系中去找寻。蒲鲁东等人却企图经过他们的“安

① 马克思、恩格斯著，中共中央马克思恩格斯列宁斯大林著作编译局译：《马克思恩格斯全集》第 4 卷，人民出版社 1958 年版，第 175 页。

② 马克思、恩格斯著，中共中央马克思恩格斯列宁斯大林著作编译局译：《马克思恩格斯全集》第 4 卷，人民出版社 1958 年版，第 176 页。

③ 马克思、恩格斯著，中共中央马克思恩格斯列宁斯大林著作编译局译：《马克思恩格斯全集》第 44 卷，人民出版社 1982 年版，第 159 页。

排”把客观存在的分离抹掉，从而使货币表示没有对立的同一来保留货币，这就又一次地表现了他们的形而上学，也说明他们只是些目光短浅的“蠢人”，坚持资产阶级基础的改良家。

马克思和恩格斯在批判资产阶级的辩护经济学或经济辩护论时，多次揭露了他们用形而上学的绝对同一观点来掩盖资本主义矛盾和危机。资本主义发展到了一定点上就要发生危机。危机是资本主义矛盾的爆发和暂时解决，它表现了资本主义经济运动既对立又统一的内在关系。如果只分离不统一，不可能有危机；如果只统一不分离，也不可能有危机，“危机就是强制地使已经独立的因素恢复统一，并且强制地使实质上统一的因素变为独立的东西”①。然而辩护经济学者“为了否认危机，在有对立和矛盾的地方大谈统一”②，这种统一是排除任何对立的统一，在这种统一中根本不许有对立。恩格斯也指出，“经济学家们也援引消费和生产的密切联系，援引需求和供给的绝对同一性，而他们正是想证明，永远不会有生产过剩”③。这里更明确地指出了这种排除了任何对立的同一也就是“绝对同一性”。

最为典型的就是经济学家穆勒。这位李嘉图的学生和他的老师一样，力图证明需求和供给的一致、平衡、等同，从而消除资本主义的现实存在的矛盾。马克思揭露了穆勒的“证明方法”的形而上学性：“如果某种关系包含着对立，那它就不仅是对立，而且是对立的统一。因此，它

① 马克思、恩格斯著，中共中央马克思恩格斯列宁斯大林著作编译局译：《马克思恩格斯全集》第 26 卷第二册，人民出版社 1973 年版，，第 586 页。

② 马克思、恩格斯著，中共中央马克思恩格斯列宁斯大林著作编译局译：《马克思恩格斯全集》第 26 卷第二册，人民出版社 1973 年版，第 593 页。

③ 马克思、恩格斯著，中共中央马克思恩格斯列宁斯大林著作编译局译：《马克思恩格斯全集》第 3 卷，人民出版社 1960 年版，第 612 页。

就是没有对立的统一。这就是穆勒用来消除'矛盾'的逻辑。"[1]马克思还进一步指出了这种形而上学的方法是穆勒的"基本方法"。"在经济关系——因而表示经济关系的范畴——包含着对立的地方,在它是矛盾,也就是矛盾统一的地方,他就强调对立的统一因素,而否定对立。"[2]这种方法被穆勒运用于许多问题的证明上,然而这种靠先在对立中找出统一,再通过"强调"统一而否定对立的方法,除了证明他对于辩证法的无知和对于现实矛盾的无能为力外,是什么也证明不了的。

第二,通过抽象化和表面化的手段,把矛盾的间接同一归于直接同一。

资产阶级的理论家为证明资本主义制度永世长存,掩盖资本社会的固有矛盾,在方法上经常采取以现象代替本质,以一般代替特殊,以空词抽象代替具体的研究。《资本论》指出,"有两点,可以视为是经济辩护论者方法上的特征:第一,他们简单地把商品流通和直接产品交换的区别抽象,以便把二者视为同一。第二,他们企图把资本主义生产代理人间的关系,分解为简单的由商品流通生出的关系,以便否定资本主义生产过程的各种矛盾"[3]。把资本主义关系归结为直接物物交换关系,这样,就"从已经表现出对立的经济关系倒退到对立还只是处于潜

① 马克思、恩格斯著,中共中央马克思恩格斯列宁斯大林著作编译局译:《马克思恩格斯全集》第 26 卷第三册,人民出版社 1974 年版,第 106 页。

② 马克思、恩格斯著,中共中央马克思恩格斯列宁斯大林著作编译局译:《马克思恩格斯全集》第 26 卷第三册,人民出版社 1974 年版,第 91 页。

③ 马克思著,中共中央马克思恩格斯列宁斯大林著作编译局译:《资本论》第 1 卷,人民出版社 1975 年版,第 94 页。

伏状态、因而显得模糊不清的经济关系”①中去了，或者说，是把“最表面的和最抽象的关系当作他们的真理应用到发展的生产关系以及这些关系的对立中去”②了。

当他们这样做的时候，也就混淆了间接同一和直接同一，用直接同一取代了矛盾的间接同一。穆勒就是这样。他“强调对立的统一因素，而否定对立”，就是借助于直接物物交换中买和卖的直接同一来取代流通中买和卖的分离及其统一。流通中买和卖是彼此分离的，它们的统一是说在彼此分离情况下又有着统一的内在要求，然而这种统一并不一定能得到实现，买和卖的平衡至多只能是大致的，经常的情况是处于不平衡之中。穆勒提出“买和卖的形而上学的平衡”，只是说的每次买就是卖，每次卖就是买，“单单由于他是卖者这个事实，他就是买者了”，由此，他把对立的统一变成了这些对立的直接等同。马克思说：“穆勒建立平衡的办法是把流通过程变成直接的物物交换，又把从流通过程中搬来的人物买者和卖者偷偷地塞到直接的物物交换中去。”③

庸俗经济学家萨伊也是一例。萨伊认为就一个民族来说，或者就人类一般来说，它的生产也就是它的消费，这样也就把生产和消费等同起来。马克思除了批驳了他在经济学上认为每年生产的价值当年就会消费掉的浅薄见解外，着重提出了两点批判。一是指出“把社会当作一个单独的主体来考察，是对它作了不正确的考察，思辨式的考察。就一

① 马克思、恩格斯著，中共中央马克思恩格斯列宁斯大林著作编译局译：《马克思恩格斯全集》第46卷上册，人民出版社1979年版，第203页。

② 马克思、恩格斯著，中共中央马克思恩格斯列宁斯大林著作编译局译：《马克思恩格斯全集》第29卷，人民出版社1972年版，第305页。

③ 马克思、恩格斯著，中共中央马克思恩格斯列宁斯大林著作编译局译：《马克思恩格斯全集》第13卷，人民出版社1962年版，第87页。

个主体来说，生产和消费表现为一个行为的两个要素”①。所以两者是直接同一的，两者的实现是同时的。但是在社会中，产品一经完成，生产者对产品的关系就是一种外在的关系，产品回到主体要取决于主体对其他个人的关系，就是说，生产和消费的统一是一种间接的同一。萨伊把社会当作一个单独主体的思辨式的考察，实质上也是搬用了直接同一到社会总体的复杂关系中来。二是强调了“无论我们把生产和消费看作一个主体的活动或者许多个人的活动，它们总是表现为一个过程的两个要素”②。这就指出了生产和消费是构成一个总体的各个环节、一个统一体内部的差别，而否定了在社会的范围内仍只把它们看作“一个行为”的两个要素，从而把它们直接等同的错误。

辩护经济学混淆直接同一和间接同一，用“直接同一”取代间接同一，也就严重地歪曲了直接同一。它不是原始的直接同一，因为它是在矛盾已经形成，对立面已经建立下的“直接同一”；它也不是每个对立面内部的直接同一，因为它讲的分明是矛盾的总体联接上有“直接同一”。这种“直接同一”纯属思辩的形而上学的虚构，客观世界中并不存在。借助于这样的“直接同一”或直接等同，他们十分方便地通向了绝对同一。

形而上学把同一性绝对化和庸俗化的这第二种表现，并非是辩护经济学所独有的。这里要举出的是作为辩证法家的黑格尔所犯的同类错误。

马克思在《黑格尔法哲学批判》中，对黑格尔的“同一性”所做的批

① 马克思、恩格斯著，中共中央马克思恩格斯列宁斯大林著作编译局译：《马克思恩格斯全集》第 46 卷上册，人民出版社 1979 年版，第 31 页。

② 马克思、恩格斯著，中共中央马克思恩格斯列宁斯大林著作编译局译：《马克思恩格斯全集》第 46 卷上册，人民出版社 1979 年版，第 31 页。

判，一是指出它是虚幻的，一是指出它是“二元论”的。前者已经说过，这里再看一下“二元论”。“二元论”是马克思在这部著作中批判黑格尔的特有用语，“二元”是指两种本质的、互不调和的对立，“二元论”是以虚幻的同一来掩盖这种对立的理论。

黑格尔看到了现实生活中“市民社会”和“政治国家”的分离和对立，他从这种对立出发，构想两者的“有机的统一”，也就是按照他的逻辑寻找“合题”。在“立法权”中，他认为有对立着的两极，一极是“单一性”范畴，“王权”是它的体现，王权在立法权中的代表是“政府要素”；另一极是“普遍性”范畴，“市民社会”是它的体现，市民社会在立法权中的代表则是“等级要素”。黑格尔把“政府要素”和“等级要素”作为国王和市民社会的中介人、两极的居间者，以为这样就有了“合题”，完成了两极的同一。马克思对此做了详尽而深刻的批判，除了指出黑格尔把现实的对立归之于普遍性和单一性的理念的对立，表现了他的体系的超验性和神秘性外，又揭露了黑格尔的“合题”“中介”“居间者是木质的铁，是普遍性和单一性之间的被掩盖了的对立”[①]。一方面，被当作中介和居间者的“政府要素”和“等级要素”既然各自作为国王和市民社会的代表，它们也就是立法权本身内部的对立，两个要素动辄就互相厮打，“这两方面，对立尖锐到随时都可能发生斗争的地步，甚至还具有不可调和的矛盾的性质”[②]。另一方面，就等级要素来看，它本来是市民社会在立法权中的代表，现在要成为中介，就必须使自己与国王意志之

① 马克思、恩格斯著，中共中央马克思恩格斯列宁斯大林著作编译局译：《马克思恩格斯全集》第1卷，人民出版社1956年版，第350页。

② 马克思、恩格斯著，中共中央马克思恩格斯列宁斯大林著作编译局译：《马克思恩格斯全集》第1卷，人民出版社1956年版，第351页。

间形成真正同一，这种同一即使实现，只是意味着“等级要素本身二元化”，从而“立法权的君主要素和等级要素之间的基本的二元论被等级要素本身中的二元论所抵消”①。

从哲学上看，问题的实质在哪里呢？这就是黑格尔企图求得两个对立极端之间的直接合一，而马克思认为这样的直接合一的建立是不可能的，二元论的同一（以及形象的说法：“木质的铁”）就是对这种在已经公开的外在化了的对立之间建立直接合一的荒谬企图的概括和批判。这种直接合一并不是真正的同一，只是用虚假的“同一”掩盖起来的对立，“这种同一有多么表面，隐藏在它后面的对立也就有多么深刻”②。

第三，形而上学者在一些社会问题上，经常歪曲哲学意义上的同一性，把作为对立相对性的范畴说成是不同阶级的共同利益。这是他们抹煞对立、宣扬没有任何对立的同一的一种特殊表现。

马克思早在《1844 年经济学哲学手稿》中，就已敏锐地察觉了资产阶级经济学家利用资本和雇佣劳动所具有的同一性来掩盖、抹杀资本家和工人利益根本对立的企图，指出在他们“用各种各样的方式来确定劳动和资本的统一”时，也“把劳动和资本的原初的统一假定为资本家和工人的统一”③。马克思辛辣地讥讽了这种谬论：“这是一种天堂般的原始状态。这两个要素如何作为两个人而互相对立，这对国民经济

---

① 马克思、恩格斯著，中共中央马克思恩格斯列宁斯大林著作编译局译：《马克思恩格斯全集》第 1 卷，人民出版社 1956 年版，第 365 页。

② 马克思、恩格斯著，中共中央马克思恩格斯列宁斯大林著作编译局译：《马克思恩格斯全集》第 1 卷，人民出版社 1956 年版，第 304 页。

③ 马克思、恩格斯著，中共中央马克思恩格斯列宁斯大林著作编译局译：《马克思恩格斯全集》第 42 卷，人民出版社 1979 年版，第 138—139 页。

学家来说是一种偶然的、因而只应用外部原因来说明的事情。”①

如果说在1844年,这两种观点的对立还讲得不够明显和充分,那么,三年后马克思在《雇佣劳动与资本》中,就以科学的语言表述出来了。他指出,“资产者及其经济学家们断言,资本家和工人的利益是一致的”②。“断言资本的利益和劳动的利益是一致的,事实上不过是说资本和雇佣劳动是同一种关系的两个方面罢了。”“当雇佣工人仍然是雇佣工人的时候,他的命运是取决于资本的。所谓工人和资本家的利益一致就是这么一回事。”③他还指出,“资本的利益和雇佣劳动的利益是截然对立的”④。生产资本尽快增长是对雇佣劳动最有利的条件,然而即使是这种最有利于工人阶级的情势,也不能消灭工人的利益和资本家的利益之间的对立状态。所谓生产资本的尽快增长是对雇佣劳动最有利的条件这种论点,实际上不过是说,工人阶级愈迅速地扩大和增加敌对它的力量,它就能在愈加有利的条件下重新为资产阶级增殖财富和加强权力而工作。“这样的工作无非是它本身在铸造金锁链,让资产阶级用来牵着它走罢了。”⑤

问题的本身已经说得很清楚,无须再加说明。这里需要重复一下

---

① 马克思、恩格斯著,中共中央马克思恩格斯列宁斯大林著作编译局译:《马克思恩格斯全集》第42卷,人民出版社1979年版,第138—139页。

② 马克思、恩格斯著,中共中央马克思恩格斯列宁斯大林著作编译局译:《马克思恩格斯全集》第6卷,人民出版社1961年版,第490页。

③ 马克思、恩格斯著,中共中央马克思恩格斯列宁斯大林著作编译局译:《马克思恩格斯全集》第6卷,人民出版社1961年版,第491页。

④ 马克思、恩格斯著,中共中央马克思恩格斯列宁斯大林著作编译局译:《马克思恩格斯全集》第6卷,人民出版社1961年版,第497页。

⑤ 马克思、恩格斯著,中共中央马克思恩格斯列宁斯大林著作编译局译:《马克思恩格斯全集》第6卷,人民出版社1961年版,第498页。

的是，资产阶级经济学家企图把资本家和工人利益上的“共同”“一致”偷偷纳入资本和雇佣劳动的同一性中，马克思的批判正是抓住了这一点，资本和雇佣劳动的同一性只在于它们是同一种关系的两个方面，绝不是什么资本家和工人的什么利益上的一致、统一，对同一性的歪曲无非是要掩盖和否定两大对抗阶级利益上的根本对立而已。

资产阶级理论家的行径，也在小资产阶级理论家那里出现。1872年，米尔伯格在住宅问题上试图把蒲鲁东主义移植到德国。这种倒退行为一开始就受到了恩格斯的反驳。米尔伯格认为“在无产阶级的利益和社会中真正中等阶级的利益之间有绝对的内在同一性”，并由此提出“中等阶级”所受痛苦比无产阶级更厉害些，社会改造结果首先正是为“中等阶级”享受，而德国工人政党不必实行阶级政策、力求实现阶级统治等一系列荒谬论点。恩格斯逐点做了批判，指出米尔伯格的所有言论只说明他是个“小资产阶级社会主义者”。恩格斯还指出，对“小资产阶级利益和工人利益之间的所谓的同一性”的批判，“必须讲的一切，都已经在‘共产主义宣言’中讲过了”[①]。

马克思和恩格斯在矛盾同一性问题上对唯心论和形而上学的批判，有的是从另一角度对前几章中重要观点的进一步论证，有的如矛盾同一性的客观性等还是对前几章的重要补充。这方面的批判，在反对各种反马克思主义思潮和纠正各种错误倾向中起到了积极作用，成为他们的矛盾同一性理论不可分割的组成部分。

马克思和恩格斯进行过的批判，已经成为历史，然而，它交给我们

---

① 马克思、恩格斯著，中共中央马克思恩格斯列宁斯大林著作编译局译：《马克思恩格斯全集》第18卷，人民出版社1964年版，第301页。

的武器将帮助和指导我们继续战斗，帮助我们去战胜各种新条件下出现的反马克思主义思潮，也帮助我们克服自己前进中的各种错误和缺点。后面这一点，只要回顾一下我们在过去相当长时期内所犯的错误中有多少曾是马克思和恩格斯早已批判过的东西，就足见其重要性了。